国家自然科学基金项目（项目编号：72002145）资助
西南财经大学2021年教师教学发展中心项目（项目编号：xcjxfz2021-sj-01）资助
西南财经大学2020年度中央高校教育教学改革专项"专业学位教学案例建设"项目（项目编号：2020YJG033）资助

体育赛事与城市耦合发展研究

胡家镜　曹兴平　周格粉　吕兴洋　著

西南财经大学出版社
Southwestern University of Finance & Economics Press
中国·成都

图书在版编目(CIP)数据

体育赛事与城市耦合发展研究/胡家镜等著 . —成都:西南财经大学
出版社,2021.8
ISBN 978-7-5504-4976-3

Ⅰ.①体… Ⅱ.①胡… Ⅲ.①运动竞赛—关系—城市经济—经济
发展—研究—中国 Ⅳ.①G812.2②F299.21

中国版本图书馆 CIP 数据核字(2021)第 143255 号

体育赛事与城市耦合发展研究
TIYU SAISHI YU CHENGSHI OUHE FAZHAN YANJIU

胡家镜 曹兴平 周格粉 吕兴洋 著

责任编辑:王利
封面设计:何东琳设计工作室
责任印制:朱曼丽

出版发行	西南财经大学出版社(四川省成都市光华村街55号)
网 址	http://cbs.swufe.edu.cn
电子邮件	bookcj@swufe.edu.cn
邮政编码	610074
电 话	028-87353785
照 排	四川胜翔数码印务设计有限公司
印 刷	四川煤田地质制图印刷厂
成品尺寸	170mm×240mm
印 张	12.5
字 数	234 千字
版 次	2021 年 8 月第 1 版
印 次	2021 年 8 月第 1 次印刷
书 号	ISBN 978-7-5504-4976-3
定 价	68.00 元

前　言

国发〔2014〕46号文件出台后，社会经济发展对我国体育市场发展提出了新的战略性要求，各地均开始兴起举办体育赛事的浪潮，都希望借助体育赛事的力量，将体育赛事与旅游这一与体育密切相关的产业相结合，在带动当地经济发展，创造经济收益的同时，打造优秀的城市形象，通过举办赛事和旅游体验共同提升办赛城市知名度和美誉度。赛事形象和办赛城市的目的地形象是体育赛事观众和赛事旅游者对于一个赛事和办赛城市最为直接和真实的感知。因此，体育赛事形象与办赛城市目的地形象的深度融合问题成为体育产业和旅游产业进行融合的首要和关键问题。具体而言，即怎样将体育赛事形象与办赛城市目的地形象（下文简称"目的地形象"）结合，打造属于办赛城市本身的独特"赛事+旅游"融合形象，是办赛城市所需解决的重大问题。

然而，当前办赛城市普遍将体育赛事作为一个孤立的事件进行组织和运营，止步于在赛事举办期间为当地带来短期的经济拉动作用（和立新、张和，2014）。虽然一些办赛城市意识到了应该将赛事形象与办赛城市目的地形象进行结合，但一般也停留在"某某赛事即将在某地举办"等最浅层的广告宣传阶段，未能将赛事形象本身与办赛城市目的地形象的特色进行巧妙的深度融合，找到独特的结合点，进一步产生体育赛事和旅游体验"1+1>2"的积极效果，从而难以对前往观看赛事的观众和旅游者产生双重的吸引力。即使有一些办赛城市能够很好地将二者结合，并且产生了积极的营销效果，但因其手段和经验不可复制，没能提炼出科学的理论，尚未总结出可以遵循的规律，导致其他办赛城市无法借鉴并达到同样的预期收益。这些现实情况对赛事及办赛城市管理者的策划、组织及营销工作带来了极大的挑战。本研究希望借助产业经济领域中产业耦合的概念（Lucas，1988），将赛事形象和办赛城市目的地形象放置于同一高度，分离解析出体育赛事形象和办赛城市目的地形象中重合共生的部分，探明不同形象对体育赛事观众实地观赛意愿及旅游者未来到访意愿的差异化影响关系。

四川省作为全国旅游大省，拥有丰富的、优质的旅游资源，许多旅游城市不仅在国内享有较高知名度和美誉度，在国际上也享有良好的声誉，塑造和传播了自身独特鲜明的旅游目的地形象。近年来，四川省承办或举办了多项国内国际品牌赛事，全省体育赛事的组织举办正处在快速发展时期。并且，赛事与城市的耦合程度也在逐年提升，赛事形象与办赛城市目的地形象正在实现深度融合发展。但是四川省在推动赛事形象与办赛城市目的地形象耦合的过程中，仍然面临着一些风险和挑战。本研究将四川省作为主要研究对象，通过具体的案例分析，以期为四川省促进赛事与办赛城市的耦合发展、赛事形象与办赛城市目的地形象耦合度的提升等提供有益的参考。

　　本书共划分为七章。第1章为研究的背景介绍，对四川省体育赛事产业发展情况、旅游业发展情况做了详细介绍。第2章是本研究的理论基础，具体包括产业耦合相关概念、体育赛事与城市发展相关研究综述、品牌形象理论、赛事品牌形象的研究综述、城市形象相关综述，以及本研究所提炼发展出的独特理论——形象耦合理论。上述理论和相关综述为之后的案例分析奠定了理论基础。第3章是大型国际体育赛事案例分析与经验借鉴，具体选取了2018年平昌冬奥会、2018年俄罗斯世界杯、2022年北京—张家口冬奥会三个国际性的大型品牌赛事。通过对这些大型国际体育赛事的举办情况与城市发展情况的分析，探析大型赛事与办赛城市发展的耦合关系，为今后四川省的赛事举办和办赛城市的协调发展提供合理的建议。第4章、第5章是同等级别赛事举办城市案例，具体分析了北京马拉松、厦门马拉松的耦合与非耦合形象，对中国马拉松大满贯首届成员，包括北京马拉松、广州马拉松、武汉马拉松和重庆国际马拉松这四大品牌赛事的形象进行了横向对比分析。还分析了2018年青海环湖自行车赛、2018年上海F1赛事举办过程中的耦合形象与非耦合形象。通过对北京、青海、厦门及上海四个与成都定位比较相似的目的地举办的赛事进行分析，以期为四川省举办类似的赛事提供参考。第6章是成都市赛事举办具体案例。首先简要介绍了成都市经济、文化、体育、旅游的发展状况，构建了成都赛事名城建设纵深推进研究的框架思路，对成都国际马拉松（2019年更名为"成都马拉松"）、成都双遗马拉松、ATP250成都网球公开赛三大国际赛事的耦合、非耦合形象展开分析，以便为四川省其他城市举办相应赛事提供切实的案例借鉴。第7章是相关建议。通过对国际赛事、国内赛事和四川省内赛事的分析和比较，本书得出了研究结果，并基于此，对四川省体育赛事的组织举办提出了可供参考的建议。

　　全书由胡家镜、曹兴平、周格粉、吕兴洋四位旅游管理专业教师共同完成，其中胡家镜负责本课题的理论构建、案例赛事筛选和总体思路设计，吕兴洋负责研究方法设计。具体撰写分工如下：第 1 章，第 2 章，第 6 章的 1、2、3 节内容由胡家镜完成，第 3 章、第 4 章、第 5 章内容由曹兴平、周格粉共同完成，第 6 章的 4、5、6 节和第 7 章内容由吕兴洋完成。

胡家镜

2021 年 7 月

目　录

1 研究背景

体育赛事是地区和城市的重要名片。近年来，随着我国赛事审批制度的改革，四川省内各城市举办的体育赛事数量呈现爆发式增长。然而，在赛事数量增势喜人的背后，赛事"质"与"效"的问题日渐凸显——大量办赛资金和社会资源投入的背后，能够真正地与办赛城市文化实现深度融合的、成为城市品牌和地区经济新动力的赛事却十分有限，多数赛事仍停留在较浅的结合层面，局限于单一的城市形象宣传功能。对于办赛城市来说，如何落实国务院文件精神，一方面满足群众日益增长的参赛和观赛需要，另一方面激发赛事杠杆效应，促进体育赛事与城市文化融合发展，推动地区体育经济的增长，实现最佳综合效应，成为亟须思考的问题。当前正值体育产业加速发展的黄金期，在以赛事为龙头，以"赛"育"市"和以"市"促"赛"的产业发展机制下，探索融入城市文化特征的体育赛事开发和运作模式具有重要的意义。本研究将借助耦合共生理论，对体育赛事与城市文化的深层结合机制及协同发展策略，以及体育赛事形象和办赛城市形象的耦合发展进行探讨，以此促进四川省体育赛事供给侧结构性改革，推动省内城市提升赛事形象与举办地形象的耦合程度。

1.1 四川省体育赛事产业发展概况

2005 年，四川省委、省政府发布《关于加快建设体育强省的决定》，四川省大力发展赛事经济，积极探索体育竞赛的市场化运作模式。省内许多城市开始举办大型国际体育赛事，例如成都国际马拉松、成都双遗马拉松、成都网球公开赛（ATP250 世界巡回赛成都公开赛）、环中国国际公路自行车赛等。这些赛事在城市发展中起到了重要的对外宣传作用，不仅能带动当地旅游事业的发展，还树立了良好的城市形象，吸引更多的人到访。以下是对成都国际马拉松（2019年更名为"成都马拉松"）、成都双遗马拉松、ATP250成都网球公开赛三大品牌赛事发展情况的介绍。

成都国际马拉松自2017年举办以来，已经举办两届，是目前西南地区规模最大的马拉松比赛。成都国际马拉松比赛每届都有逾两万人参与，并且在赛事举办期间，组委会还举行了丰富多彩的线上线下系列活动，例如成都国际马拉松博览会、成都国际马拉松赛事熊猫公益系列活动、线上成都国际马拉松赛事大师学院、线下成都国际马拉松赛事官方备战训练营，吸引了更多的人以不同的形式参与到成都国际马拉松赛事中来，也让更多的观众知晓和了解了成都国际马拉松。

成都双遗马拉松自2015年首届比赛在都江堰举行，至今已连续举办了4届。成都双遗马拉松赛道是首个连接世界文化遗产（都江堰与青城山）与世界自然遗产（四川大熊猫栖息地）的马拉松赛道。成都双遗马拉松将马拉松运动与都江堰千年历史文化及青城山休闲养生旅游完美结合起来，现代与历史交汇，突出体育赛事与文化、旅游相结合的原则，宣传都江堰的旅游资源，带动都江堰当地旅游产业的发展。

成都网球公开赛即ATP250世界巡回赛成都公开赛。ATP250世界巡回赛是职业网球协会（Association of Tennis Professional，ATP）每年在世界各地巡回举办的职业网球赛事，在全球范围内有多个比赛的举办城市。2016年6月29日，ATP正式宣布，原定于在马来西亚吉隆坡举办的2016年ATP250赛事改由成都举办，此后ATP250世界巡回赛正式落户成都。作为ATP250世界巡回赛的一站比赛，成都网球公开赛从2016年起每年9月至10月在四川国际网球中心举行，至2018年已连续举办三届比赛。成都网球公开赛是中国西部地区迄今举行的最高级别国际职业网球赛事，成都也成为继上海、北京、深圳之后第四个举办ATP250世界巡回赛的中国城市。此项赛事吸引了很多国际网球明星前来参赛，为世界球迷呈现了一场场精彩的网球比赛。

环中国国际公路自行车赛（以下简称环中赛）是由国际自行车联盟、国家体育总局批准，国家体育总局自行车击剑运动管理中心、中国自行车运动协会主办的一项代表国家品牌的高水平国际赛事。2010—2018年，环中赛已连续举办了9届，是亚洲地区地理跨度最大、活动举行时间最长、全中国最大的全民健身国际体育赛事。每年都有许多来自国内外的职业车手参加这项比赛，途经的省（自治区、直辖市）每年都不一样。环中赛第一次进入四川省是在2011年，之后的比赛中共有六次进入四川省。环中赛曾经过四川成都的温江区、都江堰市、大邑县、彭州市以及巴中市的平昌县和恩阳区等地，这些赛段沿途风景秀丽，景色迷人，给参赛运动员留下很深的印象。例如，巴中市平昌县是山地自行车运动的天堂，不仅有风景优美的景点，还建有绿色骑行环线236千米和天然氧吧健身步道300余千米。特别是在2015年赛事期间，平昌赛段被组委会授予"皇后赛段""最美风景赛段""最具挑战赛段"和"突出贡献奖"等荣誉称号。巴中市是"红军之乡"，作为革命老区，举办环中赛这类国际赛事，通过赛事的宣传展示了革命老区在新时代的发展，对促进当地经济和旅游业的发展起到了重要作用。

1.2　四川省旅游业发展概况

四川省作为全国旅游大省，旅游资源丰富，自然风景优美，历史文化悠久，民族风情独特。全省拥有九寨沟、黄龙及大熊猫栖息地等3处世界自然遗产，世界文化与自然遗产峨眉山—乐山大佛以及世界文化遗产青城山—都江堰。全省有多处国家级风景名胜区、5A级旅游景区以及国家级森林公园等资源。四川盆地温暖湿润，冬暖夏热，气候宜人，物种资源丰富，农产品类型多样。"大熊猫""火锅""古镇""川剧"等都是四川独有的印记。因此，四川作为带有浓郁自身特色的旅游目的地，吸引着国内外众多游客到访。2019年四川省旅游总收入高达11 594.32亿元，累计接待国内游客逾7.51亿人次，接待入境游客414.78万人次。由于旅游服务质量高，接待设施完善，旅游资源丰富，游客的向往度高，在"2020中国旅游城市热度指数排行榜"中，成都位居第4，受到国内外游客的普遍欢迎。

2 理论基础

2.1 产业耦合相关概念

耦合（coupling）的概念起源于物理学，意为两个及以上的工作模块相互配合并共同发挥作用的现象，即一方以另一方为基础，相互配合传递能量的过程（Vefie，1996；田启，2014；张现成 等，2015）。当系统内部要素配合协调，能够相互促进，产生"1+1>2"的效果时，则称为良性耦合；反之，则为不良耦合。耦合度指系统之间要素相互作用、影响的程度，而协调度则描述系统之间要素在发展过程中保持和谐一致的程度，体现出由无序到有序的发展趋势（高楠 等，2013）。因此，耦合度主要反映系统各要素相互作用的强度，无明显的积极或消极倾向；而耦合协调度体现出要素之间的配合与良性互动程度，可作为要素协调程度的评价指标。模块与模块之间耦合的程度越高，代表二者联系越紧密。与耦合相对应的另一概念为内聚（cohesion）。内聚代表了独立模块内部的运转情况，概括来说即为事物内部的组成部分之间的关系。耦合与内聚分别代表着事物外在与内在的对应关系。耦合与内聚的概念被产业经济学研究者借用，被大量应用于产业经济的研究中，为企业资源整合、技术创新以及产业绩效的分析提供了崭新的视角。业界普遍认为，"低内聚、低耦合""低内聚、高耦合""高内聚、高耦合"以及"高内聚、低耦合"四种产业耦合内聚状态中，最优的产业间协同关系为"高内聚，低耦合"，即资源以及产业内部的表现良好，创新和集聚程度高；而与外部相关联的资源及产业保持相对紧密的关系，但不完全相互依赖的模式。此时资源及产业间可以协同作用，产生放大效应，是理想的共同作用状态（图2-1）（程春蕊，刘万军，2009）。

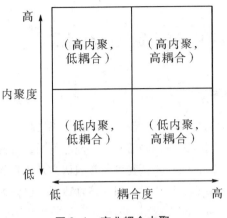

图 2-1　产业耦合内聚

　　体育赛事的举办能够吸引旅游者前来观看比赛，所以在办赛期间对于当地旅游业的带动作用尤为显著，从而对当地经济发展产生带动作用。在此基础上，赛事举办地同时也是旅游目的地，其管理者不仅希望赛事的举办在近期内带来可观的经济收益，同时也希望赛事可以带动各项社会事业的发展，并且产生宣传目的地形象等长期性、综合性收益。具体来说，即赛事与本地的旅游资源达到深度结合，让旅游者感受到赛事与旅游的双重魅力，从而使得赛事在赛事举办期内（近期）和赛事举办期后（远期）都能够对举办地产生标志性、高效的特殊影响，达到体育与旅游"1+1>2"的积极效果。当今体育产业与其他产业融合发展往往采取产业间延伸融合以及渗透融合的方式，如文化产业、房地产业以及健康和养老服务业均以延伸融合的模式，向产业价值链延伸的方向发展。但转至体育与旅游的特殊情境下，二者作为有天然联系的、具有高相关性的和高连接度的服务性产业，导致耦合内聚的情况与普通的制造型产业存在很大差别。想要利用二者形象的耦合同时吸引体育赛事旅游者和未来旅游者，那么产业耦合的模式是无法完全照搬其他产业的，需要探索针对体育与旅游产业二者特殊的耦合模式。基于此理论背景，本研究拟以赛事形象与目的地形象为研究对象，在结合以往目的地营销理论的基础上，分析二者之间的耦合关系，以此探究"体旅相长"这一理想状态背后的规律。

2.2 体育赛事与城市发展研究进展

2.2.1 国际体育赛事

体育赛事的类型和数量很多，但总的来说，规模越大，影响也越大，涉及的范围越广。由于不同国家文化底蕴和赛事理念不同，对国际体育赛事的分类标准和划分体系也不同，国际体育赛事通常被认为是体育赛事基于不同维度生成的许多维度之一。维基百科认为，国际体育赛事，也称为世界体育竞赛，是指世界上各种体育项目的国际赛事。因此，可以将国际体育赛事视为两个或多个国家参加的体育赛事。黄海燕（2012）认为，界定标志性体育赛事应具备以下四个特征：一是很少发生；二是规模较大；三是在同一地点举行；四是赛事是城市的名片。刘东锋等（2009）认为国际单项体育赛事是国际单项体育组织主办或批准的高等级的大型国际体育赛事，按照赛事组织形式的特征，可以分为3个亚类：赛会制、分站累积制、主客场制。杜海松（2010）认为国际体育赛事包括综合性体育赛事和单项顶级赛事，并认为国际体育赛事具有规模大、赞助多、层次高、广泛关注、市场影响力强等特征，并对举办地产生众多效应的体育赛事。钟天朗等（2009）对国际体育大赛进行了进一步的细分，在其研究中根据自身研究需求将国际体育赛事细分为综合性体育大赛（如奥运会等）、商业性体育大赛（如环法自行车赛、网球大师杯系列赛事等）以及世界单项体育大赛（国际田径大奖赛、世界杯足球赛等）。

综合现有相关研究成果，本研究认为，国际体育赛事是指在世界范围内具有广泛影响力的大型综合性运动会和国际单项体育赛事，包括奥运会、世界杯等高水平国际体育赛事。

2.2.2 城市发展

城市作为人类活动的主要场所，从某种意义上讲，它在一定地域范围内积累了物质、资金和技术等，逐渐演变成为经济活动中心，并取得了空前的繁荣和发展（顾朝林，1994）。城市发展是一个相对复杂的过程，包含了经济、社会、文化和其他要素此消彼长的过程。城市发展战略的目标包括经济、社会、文化等方面，这些因素是影响城市长期发展的重要因素，但特定于某个城市，因为条件差异很大，不同城市根据自身发展需要有不同的关注重点和选择（赵民、栾峰，2003）。谢洪伟等学者认为，城市发展包括两个方面：一方面是城市化；另一方面是城市现代化，即城市产业结构的持续优化和城市设施的改造和更新。城市化是城市的外延发展过程，城市现代化是内在的发展过程。以城市产业结构升级和优化为主要内容，适当加速城市现代化，将有助于增强城市的吸引力，加速城市化的进程。从体育赛事与城市发展关系的文献综述中可以看出，体育赛事对城市发展的影响体现在城市化和城市现代化中（谢洪伟，2010）。

鉴于学术界对城市发展概念的定义不统一及本书的研究主题，我们认为"城市发展是城市空间结构不断扩展和优化以及经济、社会、文化等方面的改善与提升的过程"。

2.2.3 国际体育赛事与城市互动相关研究

体育赛事对城市发展的影响涉及各个方面。如今体育赛事变得越来越多元化，因此对赛事举办城市的影响也越来越多样化，在经济发展、设施建设、城市品牌等方面的影响都不可低估。体育赛事对城市自身的最直接影响就是经济因素，经济因素也是城市举办体育赛事的首要考虑方面。Brown 等人指出，为了最大限度地发挥赛事的经济与社会效应，可以通过赛事促进城市旅游业的发展，对赛事进行战略性规划，以及通过与有效的营销策略相结合，将城市品牌形象的推广纳入赛事的推广中。黄海燕（2010）认为，体育赛事对城市品牌、城市基础建设、相关产业和就业有着巨大影响，并强调指出，在举办体育赛事时必须与城市发展战略、城市特色以及赛事运营相结合，才会取得良好的回报。阮伟（2012）认为，举办体育赛事，尤其是国际体育赛事，是城市竞争力的一部分。政府应明确发展思路，制定发展规划，科学合理协调赛事与城市发展的各个方面，利用赛事的综合效应促进城市的发展。K. S. Schimmel（2016）指出，举办国际体育赛事可以对相关产业和城市建设带来一定的好处，但也会损害市民的公共利益，她试图唤醒政府对国际大型体育赛事投入的反思。沈建华和肖锋（2004）在《大型体育赛事对城市形象的塑造》一文中提到，通过举办大型体育赛事可以改善城市的基础设施、提高居民素质等，为该城市树立良好城市形象提升竞争力。Chalip 还研究了赛事与城市品牌结合中媒体所发挥的作用。研究表明，在赛事推广的过程中，城市名称、城市标志等曝光频率实际上非常有限。为了达到宣传城市品牌的目的，城市营销人员必须采取积极的措施，与赛事营销人员进行有效合作，以达到通过赛事推广城市品牌的目的。

了解体育赛事在城市发展过程中的作用，可以为国际体育赛事与城市发展之间的良性互动提供理论帮助。因此，在探讨四川省的体育赛事与城市发展时，需要结合四川省内各大办赛城市独特的文化、经济和政策，从多个角度和各个方面分析数据，发现体育赛事与城市发展的耦合特征与耦合发展规律。

2.3　品牌形象与目的地品牌形象

2.3.1　品牌形象与相关概念辨析

2.3.1.1　品牌形象

"品牌形象"自提出以来，引起了学界的广泛讨论，但至今对其定义仍未形成统一意见。王长征和寿志钢（2007）从广义与狭义的角度将过往研究进行归纳，认为品牌形象的定义可以从四个方面来界定：侧重心理因素、侧重意义、侧重自我意义和侧重个性。侧重心理因素的定义认为品牌形象是消费者对品牌的联想或感知；侧重意义的定义认为品牌形象指让品牌出类拔萃的相关要素，且这些要素由消费者赋予；侧重自我意义的定义强调品牌形象是消费者自我建构的特殊价值，是消费者展示与表达自我的象征；侧重个性的定义认为品牌可类比人，品牌形象即人类的个性特征投射于品牌的产物。高辉（2007）的研究提出还可从认知（心理）角度解释品牌形象。基于认知视角，品牌形象可被视为消费者对品牌进行认知或心理加工的结果。尽管对品牌形象的定义仍未达成一致意见，但从实际生活来看，从消费者联想与感知的角度理解品牌形象已经形成广泛的共识。

2.3.1.2　品牌形象与品牌识别

品牌识别指品牌拥有者希望创造和维护的品牌形象，是从品牌经营者角度出发创立品牌形象并使品牌脱颖而出的方式（尚洪威，2006）。品牌识别对应于品牌传播者，品牌形象对应于品牌信息接收者。品牌信息传播者对品牌含义、目标与使命加以说明与区分，品牌信息接收者再通过接收到的信号对品牌进行诠释，最终的诠释结果即为品牌形象。品牌形象后于品牌识别产生。

2.3.1.3　品牌形象与品牌资产

Aaker（1991）将品牌资产价值定义为："一组品牌的资产和负债，它们与品牌的称号、标记有关，能够放大或缩小产品或服务的价值，并且也会影响企业的消费者和用户。"在其所提出的品牌资产模型中，品牌形象被列为品牌资产的核心成分，是提高企业竞争力的关键。品牌资产和品牌形象最根本的区别在于所属概念范畴不同，前者属于财务和经营概念，是在生产、产品和所有有形资产之外产生溢价的结果，例如产品或服务被冠以品牌名称后产生的额外价值；而后者则属于营销与广告的概念，是顾客对品牌的感知与评价。

2.3.2　品牌形象的构成维度

品牌形象维度的具体化、清晰化对指导品牌营销实践至关重要。国内外学者主要基于产品与消费者角度展开深入探讨，催生出多种不同观点。

国外研究中通常以 Park、Keller、Krishnan、Aaker 与 Biel 的模型作为品牌形象维度讨论的标准范式（江明华、曹鸿星，2003；郑少华，2008）。Park 模型基于消费者角度，将品牌形象划分为功能性、体验性与象征性三类；Keller 认为品牌形象是品牌联想的最终体现，当消费者对某品牌充分认知并投入自我情感后，将促进品牌联想形成并进而形成品牌形象，因此他的模型强调品牌联想的种类、偏爱、强度和独特性四个方面组成了品牌形象；Krishnan 基于联想网络记忆理论，同样认为品牌形象应着重考虑与品牌联想的关系，并将品牌联想从联想的数量、偏好、独特性以及来源进行区分；Aaker 模型将品牌形象纳入品牌资产的范畴内，认为品牌资产体现在品牌意识、品牌忠诚度、品牌联想、品牌感知质量和其他专有资产五个方面；Biel 则从公司、产品、使用者三个角度对品牌形象加以细分，并认为品牌形象具有软性与硬性特征，硬性特征指品牌的实用价值，且该部分容易被模仿，而软性特征指品牌无形的情感价值，其体现了品牌赋予消费者的象征意义，具有个性化的特点。总之，虽然国外学者关于品牌形象维度的讨论并未达成统一意见，但讨论视角大致包括产品、消费者、品牌联想、品牌资产、公司以及综合性视角。

在国内学者方面，罗子明（2001）根据我国企业实际，将品牌形象划分为品牌认知、产品属性认知、品牌联想、品牌价值以及品牌忠诚 5 大维度；范秀成和陈洁（2002）以 Aaker 的品牌识别系统为参照构建模型，该模型将品牌形象分为产品维度、企业维度、人性化维度和符号维度四个方面；郑少华（2008）则基于六棱柱模型，将品牌形象划分为体格、个性、文化、关系、反映和自我形象六个方面。由此可见，相较于外国学者侧重于从某一角度研究品牌形象，我国学者对品牌形象的研究更注重综合视角。

2.3.3　品牌形象的测量

在国外学者方面，除使用传统量表技术对品牌形象各维度进行测量外，具有代表性的测量方式还包括自由反应法（free response）、隐喻启发技术（metaphor elicitation technique）和品牌概念图（brand concept map）等（王长征、寿志钢，2007）。

　　自由反应法由 Boivin 于 1986 年提出，已在品牌形象维度探索性研究中被广泛使用。该方法通过使用品牌本身作为刺激物来触发消费者的品牌联想，并通过收集、编码与计分三个步骤进行测量。例如，Elliott（1994）采用的"刺激约束下的自由反应法"，对品牌象征意义进行了探索性研究。Aaker（1997）也运用自由反应法对现有人格量表中的特质列表进行了补充与修正。但是仅采用自由反应法无法揭示不同联想之间的关系，得到的联想结果质量不高，因此部分研究者还会采取隐喻启发技术和品牌概念图来对自由反应法的结果加以完善。

　　隐喻启发技术的特点在于利用消费者自我提供的各种"隐喻"（包括照片、图像等）材料作为刺激物，可以最大限度地激发消费者的主观联想，测量效果更加精准、全面。它主要通过实施如下 10 个步骤进行测量：讲故事、形容所缺失的图像、图像分类、得出构想、挑选最具代表性的图像、指出"反面"形象、形容感觉印象、绘制心理图、绘制概要图和绘制最后的品牌图。不过隐喻启发技术并非完美无缺的，其需要大量人力与专业知识的投入，在应用与实施上存在较大困难。为解决该问题，John 等（2006）提出使用品牌概念图测量方法，将测量流程简化为启发、绘图、聚合三个步骤。首先，让消费者提取记忆中与品牌显著联想的相关内容；其次，研究者将品牌概念图作为范例在消费者面前展示，让被试者以此为蓝本绘制概念图；最后，将众多概念图综合成一张具有共识性的品牌概念图。

　　在国内学者方面，罗子明（2001）将品牌形象的测量方法归纳为定性与定量两种方式。定性测量主要采用直接询问、座谈会等形式来对品牌进行拟人化描述。定量测量通常采取现场调查、座谈会的形式，通过标准的测量问卷或辅助性的座谈会大纲，来让被试者结合自身实际对该品牌的各项指标进行作答，并进行统计评价的结果分析。两种方式各有利弊：定性描述形象化，便于理解，能较好地指导具体营销实践，但缺点在于结论不够精确；定性测量结果精确、全面，但操作程序较为复杂。因此，使用何种方式测量品牌形象应根据实践情况具体分析。

2.3.4　目的地品牌形象

　　如前所述，品牌形象维度广泛，不但可运用至产品、公司，也可被运用到目的地维度。随着旅游市场产品同质化趋势的进一步增强，越来越多的旅游单体产品可以被模仿甚至被取代，因此各个旅游目的地越发重视其品牌化，期望打造独特的目的地品牌形象。

西方学者对目的地品牌形象的定义常借鉴目的地形象概念,具体指存储在旅游者记忆中的,反映着对旅游目的地感知的所有联系(Balakrishnan et al.,2011),两者之间的概念、区别尚未得到清晰界定。作为目的地品牌化的重要构成,目的地品牌形象对目的地营销发挥着至关重要的作用。相关研究主要集中在其维度、影响要素与影响作用上。首先,胡家镜与吕兴洋(2014)对以往目的地品牌形象维度研究进行了总结,发现学界主要从两个方向对其构成维度进行区分:首先是基于品牌形象,认为目的地品牌形象包含功能性与象征性维度;其次从目的地形象概念出发,认为目的地品牌形象应从认知形象与情感形象加以理解。现有实证研究也主要基于游客感知视角与旅游目的地视角(马轶男、常小艳,2019),即区分为感知形象与投射形象。吕兴洋(2014)等在原有感知与投射形象研究的基础上,对两者的关系进行了富有洞见的讨论,其将营销领域的品牌劫持理论运用到旅游目的地中,并分析指出当游客感知形象足够强大足以颠覆原有投射形象时,目的地形象便会发生品牌劫持。具体如图2-2所示。

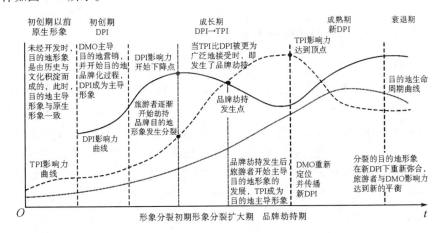

注:DMO=营销机构;DPI=营销形象;TPI=感知形象。

图2-2　目的地形象异化演进过程

资料来源:吕兴洋,徐虹,林爽.品牌劫持:旅游目的地形象异化演进过程研究〔J〕.旅游学刊,2014,29(6):67-75.

对于有关目的地品牌形象的影响因素研究,学者们已在品牌联想、顾客感知、情感形象、象征性形象、口碑、行为意愿、忠诚度、顾客抱怨等要素研究中做深入探讨(郭安禧 等,2015;Stylidis et al.,2017)。也有学者从感官营销理论出发，探讨感官要素对目的地品牌形象的影响。例如徐海军与吕兴洋（2019）以目的地歌曲《成都》为例，证明了声音要素对目的地品牌形象感知具有显著影响。在目的地品牌形象的影响效果讨论中，相关研究发现其可以促进目的地感知吸引力、游客重游意愿的提升（郭安禧 等，2015），并帮助塑造目的地品牌个性（Sameer et al.，2006）。梁佳、吕兴洋与曲颖（2016）的研究即对目的地品牌形象与个性的关系进行了探讨。其研究选取乌镇、周庄、西塘为案例地，得出三大江南水乡虽然品牌形象趋同，但可以在总体形象的基础上挖掘具体的品牌个性，实现个性趋异，并最终将乌镇、周庄、西塘的品牌个性分别定义为"雅""智""乐"。

总之，目的地品牌形象是品牌形象在目的地的应用。作为目的地营销的重要因素，打造个性化的品牌形象是其品牌化的重要过程，对目的地的发展具有重要影响。

2.4　体育赛事品牌形象

2.4.1　体育赛事品牌形象与品牌标识

对体育赛事品牌形象的定义主要从两个方向展开，其一是从消费者角度出发，认为体育赛事品牌形象指消费者根据消费经验与体育赛事品牌信息形成的品牌综合感知（赵赟、李荣日，2019），其二是从体育赛事品牌角度出发，将体育赛事品牌形象定义为依托体育赛事衍生出来的特殊价值符号，蕴含着不同国家、不同民族的历史文化，折射出各个地域政治、经济、艺术设计等方面的时代风貌，是一种独有的标识和品牌（刘明晖，2013）。综合而言，体育赛事品牌形象定义可以被归纳为体育赛事品牌的核心资产以及顾客对赛事的整体感知（刘杰虎，2011）。

体育赛事品牌形象是赛事竞争力的重要组成部分，其对体育赛事知名度与赛事效应具有重要影响。塑造成功的体育赛事品牌形象，需要包括赛事名称、赛事文化、赛事标识、赛事产品等多方要素形成合力。而品牌标识是其核心，它构成了一种视觉资产，是强化消费者品牌认知，打造成功赛事形象，最终形成品牌资产的关键（刘辛丹、梁佳、吕兴洋，2016）。以往对体育赛事品牌形象标识的研究主要借鉴 CIS 理论，从理念识别（Mind Identity）、行为识别（Behavior Identity）、视觉识别（Visual Identity）方面对品牌标识进行分析。刘辛丹等（2016）在已有研究基础上结合体育赛事特殊属性，构建了体育赛事品牌标识评价的 SELEM 模型，该模型提出应从易被识别性、易被区分性、易被注意性和易被记忆性四个属性评价赛事形象标识。具体模型如图 2-3 所示。

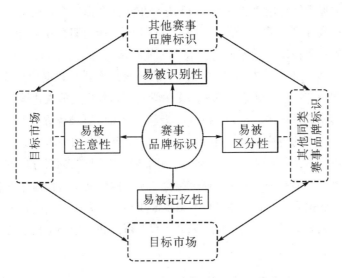

图 2-3　体育赛事品牌标识评价模型

资料来源：刘辛丹，吕兴洋，李惠璠. 基于网络跑记的马拉松赛事形象研究——以北京马拉松为例［J］. 中国体育科技，2016，52（6）：38-42.

2.4.2　体育赛事品牌形象的维度与测量

国内外学者对体育赛事品牌形象的构成维度尚未达成一致意见，主要观点可具体从三个方向加以理解。首先，部分学者借鉴城市形象理论，从情感、认知、意动三个角度对赛事形象进行划分；其次，从体育赛事概念出发，将其归纳为赛事类型、赛事特征和与形象有关的独特因素三个维度；最后，亦有从品牌个性的角度来理解体育赛事品牌形象的观点。Keller（1993）认为运动赛事形象可与品牌个性产生拟人化联想，例如认为某赛事是"青春的""放松的""精英的""活力的""优雅的"等。Musante（1999）在 Aaker 的品牌个性量表基础上将赛事形象理解为"复杂的""精彩的""强壮的""流行的""娱乐的""富有男子气概的"。由此可见，目前对赛事形象的维度划分主要通过借鉴城市形象、品牌形象理论，或从赛事本身入手进行细分。

体育赛事形象如何测量对于赛事营销实践与学术研究都是一个至关重要的问题。以往的有关体育赛事形象测量主要基于问卷法，但问卷调查存在的弊端已被学界广泛证实，其主要存在两个缺陷（艾尔·巴比，2009）：一是内容的封闭性。由于问卷的题项都是预先给定的，被调查者的回答范围较为固定，题项测量外的形象特征难以被发现，故测量结果无法全面、客观地反映被试者的想法，数据效度可能受到影响。二是心理介入性，即被调查者在回答问卷前已清楚问题答案将被用于学术研究，故有可能在填写的时候倾向于迎合问卷导向，给出看似"正确"却并不"真实"的答案，进而使数据信度受到影响。鉴于问卷调查存在以上缺陷，越来越多的学者开始探索更能表达被试者真实想法的赛事形象测量方法。比如 Kaplanidou 等（2010）要求受访者用三个词语来形容对参加赛事的想法，最终将收集到的 1 015 个词语归为历史、情感、组织等 6 类形象主题；吕兴洋等（2016）利用网络跑记数据与词频分析方法对北京马拉松赛事品牌形象进行分析，研究结论证明了网络文本可作为体育赛事品牌形象的测量数据来源，且数据信度与效度高于传统问卷测量。由此可见，传统量表技术与主观测量方法的结合是未来体育赛事品牌形象测量技术的重要发展趋势。

2.4.3　体育赛事品牌形象的影响

2.4.3.1　国家层面

国家形象是一个国家在国内外受众心目中形成的总体印象、评价与态度（Boulding，1959）。大型体育赛事具有极大的吸引力与曝光度，是目的地国家提升形象的良机，有关体育赛事品牌形象对国家的影响也受到学者广泛关注。刘东锋（2019）基于品牌形象转移理论，并从认知心理学的图示理论与关联网络记忆模型出发，认为冬奥会的赛事形象会影响举办地东道主国家形象。但是，由于体育赛事与举办国高度关联，体育赛事品牌形象既能塑造正面国家形象，也可能因各种负面曝光而损害国家形象。比如，中国在申办北京奥运会与筹备期间获得了大量曝光与关注度，国家形象可见性显著提高，但在赛事结束后，对中国的正负面评价兼而有之，中国的国家形象并未得到显著提升（曾国军，弗朗克·高，克里斯汀·科尔莫，2011）。造成该结果的原因很大程度上来源于媒体对赛事的报道。凡菲与黄昕（2013）通过调查新浪网与凤凰网在伦敦奥运会期间的报道案例，提出国内媒体应增强大局意识，塑造人文关怀、展现大国气度，以此发挥媒体对赛事形象的积极塑造作用，进而对国家形象产生积极影响。

2.4.3.2　城市层面

体育赛事对城市发展起着重要的推动作用，良好的赛事品牌形象能够极大地助力城市发展，实现赛事运营与城市建设的双赢。众多研究证明，体育赛事品牌形象有助于打造城市品牌，完善城市形象。首先，大型品牌赛事（如奥运会、亚运会、世界杯等）作为城市对外展示的绝佳机会，赛事举办城市自然会非常重视。在筹备期间，体育赛事品牌形象会促进城市各方面快速发展，以求达到体育赛事品牌形象要求的标准。例如，北京为举办 2008 年奥运会，采取了改善城市空气质量、完善城市交通体系、提升市民文明程度等措施，利用奥运赛事品牌形象极大地促进了北京城市品牌形象提升（祝守梁，2015）。其次，赛事结束后，大多数举办城市通过塑造特色体育赛事品牌形象，使其成为新的城市特色形象的一部分，对原有城市形象进行补充与完善。因此，城市与赛事可通过品牌联合战略塑造和提升城市品牌形象（刘东锋，2008）。较为成功的案例包括：墨尔本与澳网、纽约与美网、上海与 F1 中国大奖赛。这体现出体育赛事品牌形象对原有城市形象的升级与城市品牌的塑造具有重要作用。

2.4.4　体育赛事品牌形象与举办地形象的契合及作用

纵然体育赛事品牌形象能够对目的地形象产生重大影响，但只有两者形象出现契合时，才能较好地发挥体育赛事品牌形象的积极作用，否则有可能适得其反。契合具体指赛事属性与品牌属性之间的相似程度（McDaniel，1999）。Xing（2006）研究发现，当体育赛事与城市形象匹配时，会产生积极效应，例如动感十足的赛事形象与充满活力、热情形象的城市形象结合时，对城市形象的积极效应尤为明显；若城市形象显示为安静、悠闲，其与该体育赛事品牌形象则显得难以相容。

在此基础上，学者们更进一步，试图探索体育赛事品牌形象与目的地形象契合的具体情形。Florek 等（2011）认为两种形象都包含积极与消极维度，两两组合可产生四种情况，两者皆为积极时被称为有利匹配，两者都为消极时为不利错配，赛事形象积极而城市形象消极为不利匹配，城市形象积极而赛事形象消极为有利错配。不过该细分方式更偏向于定性分析，难以解释两者形象内部构成要素的相互联系，因此 Hallmann 等（2010）从定量角度开发适用于测量体育赛事品牌形象与城市形象契合度的量表，一共分为 10 个题项，分别为："对赛事/城市的喜爱程度""兴奋的—沉闷的""激动的—无聊的""愉悦的—不快的""放松的—压抑的"，另五个属性属于认知形象范畴，依次为"现代化的—传统的""国际性的—区域性的""商业化程度高—商业化程度低""知名度高—知名度低""有独特氛围"。

当体育赛事品牌形象与举办地形象契合时，会对举办地旅游发展产生诸多积极影响。当体育赛事形象能够对应举办城市形象的某些维度，即使该城市并不会再重新举办该赛事，旅游者前往该城市进行旅游的可能性也将增大（Bigne、Sanchez、Sanchez，2001）。当体育赛事品牌形象与城市形象契合时，会明显影响游客重游意愿（Hallmann、Breuer，2010）。因此，举办地在考虑赛事承办时，应综合考虑体育赛事品牌形象与举办地形象的契合度，让赛事对举办地的积极影响发挥至最大。

2.5　城市形象

2.5.1　城市形象的概念

城市作为一个综合性地理空间，涵盖政治、经济、人文、地理等不同方面，因此城市形象同样拥有丰富内涵。学界对城市形象定义的讨论较为多元。城市形象的概念探讨最早由美国学者 Lynch 于 20 世纪 60 年代提出，他认为城市形象是由人们对物质环境的感知和此后形成的心理意象构成的，是外在世界的主观感受，并且认为城市形象由五方面组成：道路、边界、区域、节点和标志物。孟凡荣（2003）将城市形象定义为城市内外部公众对城市总体的、抽象的、概念的认识和评价，是一座城市的内在历史底蕴和外在特征的综合表现，代表了一种由个人或集体的意向所支持的现实。丁丹丹（2013）认为城市形象是可以激发人们思想感情活动的城市形态和特征，是城市内部与外部公众对城市内在实力、外显活力和未来发展前景的具体感知、总体看法和综合评价。刘丹与李杰（2016）则将城市形象理解为城市以其自然的地理环境，经济贸易水平，社会安全状况，建筑物景观，商业、交通、教育等公共设施的完善程度，法律制度，政府治理模式，历史文化传统以及市民的价值观念、生活质量和行为方式等要素作用于社会公众并使社会公众形成对某城市认知的印象总和。

虽然目前对城市形象的概念并未达成统一意见，但纵观不同学者的定义可发现有三点共通之处。首先，城市形象具有综合性、多元性，而非对某个要素的单一界定。这与城市本身丰富的内涵密不可分。季晓燕（2009）在以往研究基础上将城市形象归纳为四个层面，分别是政府形象、旅游形象、经济形象和人文形象。该结论较好地将抽象的城市形象进行了具体阐释。其次，城市形象包含有形元素与无形元素，即硬件形象与软件形象。硬件形象是城市的具体物象，包括城市布局、建筑物、街道、路灯、居民住宅、交通设施等；软件形象则指城市拥有的无形属性，比如社会秩序、治安状况、经济条件、人文素质、文化内涵等要素。最后，城市形象不仅包含客观元素，同时也是个人对城市的主观看法与感受。城市形象的内涵除具体物象外，还具有意向特征，其存在需要激发和维系人们对城市的积极想象（何国平，2010）。

2.5.2　城市形象定位

城市形象定位是构建城市形象的基础，对城市发展起到基础的甄别作用（车文婧，2018），其内涵可以理解为在某一时期为城市确定一个内外部公众心目中具有鲜明个性特征与优势的城市品牌印象（樊传果，2006）。由于城市硬件与软件形象是不断发展与变化的，因此城市形象定位应遵循与时俱进的原则，不可一成不变，在城市的不同发展时期，应为城市定位不同的品牌形象。除与时俱进外，城市形象定位还应当遵循相应的原则。樊传果（2006）认为城市形象定位应该突出个性、坚持市场导向、取得公众认同以及切实可行；李成勋（2003）提出城市形象应坚持真实性、专属性、导向性、美誉性、认同性原则，即形象定位应结合城市自身条件与发展实际，并且能够个性鲜明且具有积极的导向作用，同时拥有美誉度与大众认同。总而言之，对城市形象的定位不可千篇一律，应该结合城市特色，打造独一无二的城市形象，并积极听取公众意见，取得公众认同。

在具体的城市形象定位研究上，谷明（2000）通过 CIS 理论，结合大连市城市特色，提出大连应在现代化都市与滨海城市两个层面突出城市个性，实现自身独特定位。另有学者运用扎根理论，提取重庆传统形象认知的五个方面：中国文化名城、中国美食之都、山水旅游之都、西部时尚之都、中国品牌之都，并在此基础上将重庆城市形象定位为"世界激情之都"（张燚、刘进平、张锐，2009）。近年来，随着"抖音""快手"等短视频平台迅速兴起，众多城市增添了新的网红元素。在此背景下，张静（2019）针对西安城市形象的研究指出，西安城市形象应源于古都，但又应结合短视频平台传播内容，挖掘西安独特的文化元素、历史底蕴，将西安定位成大众喜闻乐见的新古都形象。

2.5.3　城市形象传播

城市形象是城市的无形资产，只有城市形象得到广泛传播，城市形象才能发挥作用产生价值，对城市发展起到相应的影响。城市形象的传播主体通常由当地政府、城市企业与内部公众组成（季晓燕，2009），即传播主体主要为目的地营销组织（destination marketing organization，DMO）与当地居民。然而，随着人口流动的便捷性与自媒体的兴起，城市形象的传播者不再局限于当地，有时更源于外部公众。吕兴洋等（2014）提出的目的地形象品牌劫持理论即强调了外部公众对目的地形象传播的影响力，其研究结论同样适用于城市形象传播。因此，城市形象传播不仅应该从城市内部主体出发，还应考虑外部公众的影响力。

　　城市形象得以成功传播，除明确传播主体外，还需充分利用相应传播媒介。城市形象传播媒介同样丰富多元，各种方式产生的传播效果不尽相同。首先，大众传媒拥有广泛的传播覆盖面与高效的传播效率，是城市形象传播最为常见的方式。其主要形式包含电视、报纸、杂志、电影、互联网等。徐海军与吕兴洋（2019）发现，由于目的地歌曲《成都》在互联网上广泛传播，许多未曾前往成都的大众也会萌生向往之情，甚至恋上成都，这充分体现了大众传媒对城市形象的积极传播作用。其次，节事活动是一种全方位、多层次的城市形象传播方式，可以较好弥补大众传媒传播的不足。节事活动包含文化庆典、文娱事件、体育赛事、政治活动等形式，现已逐渐发展成为节事产业，对城市形象传播起着重要作用。尤其是大型赛事的举办，不仅可促进城市形象广泛传播，还能拉动城市经济发展，进一步完善基础设施，丰富居民生活，提高居民素质（沈建华、肖锋，2004）。车文婧（2018）以武汉马拉松赛事为例，分析其举办对武汉城市形象的传播效应，研究发现武汉马拉松赛事充分展现了武汉的"汉韵"与"水味"，传播了"武汉，每天不一样"的城市形象，提高了城市吸引力。此外，城市形象传播还可借政府新闻发言人传达官方声音，或利用发展迅速的新媒体实施传播。

　　综上所述，城市形象是城市发展的重要资产，应当受到城市管理者的高度重视。打造城市形象，应首先进行形象定位，定位需要结合内外实际，注重独树一帜且容易被公众认同；在形象定位的基础上，通过大众传媒、节事活动、新闻发言人、新媒体等媒介促进城市形象传播，使得城市内外部公众了解并认可，提升城市品牌效应，最终促进城市发展。

2.6　形象耦合理论模型

2.6.1　耦合理论相关研究

"耦合"作为解释系统间要素相互作用的重要概念，已被广泛运用于自然科学与社会科学领域中。在旅游业的相关研究中，有关耦合理论的研究也屡见不鲜。高楠等（2003）借鉴耦合理论，分析旅游产业系统与城市化系统之间的协调发展关系，并探究其内在机理，以此建构两者之间的耦合评价模型和指标体系，并以西安市为例进行了实证分析；生延超与钟志平（2009）则通过分析旅游产业与区域经济间的相互作用，构建了旅游与区域经济耦合协调模型，并选取湖南省作为实证分析的案例；另有学者通过分析旅游业与金融业、旅游业与新型城镇化的协调发展关系，明确了相应的耦合发展关系（龚艳、郭峥嵘，2017；赵磊 等，2020）。由此可见，旅游业作为综合性产业，与诸多其他产业存在紧密联系。同样地，城市作为涵盖政治、经济、文化的综合性地理空间，与其他产业要素也必然存在相互作用、相互影响的耦合关系。

而体育赛事是集经济效应、社会效应与身心健康于一体的大型事件，已广泛出现在各类信息与媒体的报道之中。体育赛事的举办借助城市，城市的发展也可借力赛事，两者天然地存在着紧密联系。目前，学界在体育赛事对城市发展的影响层面已做了大量探讨。刘彦（2008）认为影响结果具体表现为城市经济与城市社会两方面。对于城市经济，赛事可以拉动基建，带动旅游业、广告业、体育产业的发展；而对于城市社会，则可以提升城市形象、促进就业、增强居民凝聚力以及有利于城市软环境建设。徐成立等（2011）对以往大型赛事对城市发展影响的研究进行了总结，证明赛事对城市发展的影响可以体现在城市经济、城市文化、城市政治、城市基础设施建设、城市生态环境和城市营销六个方面。

随着研究的进一步深入，从赛事对城市影响的单向角度已不能很好地解析两者之间的作用机理，因此探求两者的耦合关系成为学界研究发展的重点。孙海燕（2004）将影响赛事与城市经济发展耦合性的要素归纳为七点：经济规模、城市发达程度、文化传统、民众支持度、消费水平、产业链与赛事举办的决策模式。谢旭东等（2009）认为体育产业与城市发展的耦合系统将经历低级协调共生、低级协调发展、协调发展、极限发展、不协调发展和发展崩溃解体六个阶段。该研究揭示了二者之间的耦合发展规律，提出城市发展既不能盲目依赖体育赛事也不能放弃赛事产业发展的建议。邢通（2017）借鉴耦合理论，从城市规划建设、城市旅游、公共环境、城市品牌形象等方向，解构了体育赛事与城市发展的耦合关系，研究结论表明公共环境与城市品牌形象呈横向关联，城市规划与相关产业和体育赛事分别呈现出前向关联与后向关联。

综上所述，以往研究或从体育赛事对城市发展的单方面视角探讨，或从宏观角度分析体育赛事与城市发展的耦合关系。然而，分别作为大型赛事与城市发展的重要资产，赛事形象与城市形象两者之间的耦合关系仍未得到良好解析。因此，笔者试图从微观角度探究赛事形象与城市形象之间的耦合关系，并基于此提出独特的形象耦合理论模型。

2.6.2 形象耦合理论模型

赛事举办地在考虑承办赛事的过程中，会有意识地将目的地形象特征与赛事形象相结合，使得目的地形象要素能够在赛事举办期间得到明显的体现。有些赛事举办地更进一步，利用当地独特的自然资源优势来举办需要特殊比赛场地条件的赛事，如青海湖环湖自行车比赛，将独特的湖泊风光和已有的环湖公路与比赛所需的骑行赛道相结合；环球帆船赛在风景独特、具有海港优势的三亚举办；北京—张家口冬奥会将天然的冰雪资源与赛事所需的滑雪场地相结合，等等。在自然资源作为目的地本身旅游吸引物的基础上，赛事对于旅游者的吸引力也会因为赛事本身与目的地形象的契合而显著提升。因此，借助产业经济学中"耦合"的概念，延伸至形象理论中，我们将赛事形象与目的地形象共有的、重合的部分称为"耦合形象"（coupled image）。赛事形象与目的地形象的耦合直观地展现出体育与旅游产业的有机融合。耦合形象部分既能充分展现体育赛事的特点，又能显著地突出赛事举办地亦即目的地的特色。赛事形象与目的地形象相互独立的部分则被称为"非耦合形象"（uncoupled image），又具体分为非耦合赛事形象和非耦合目的地形象（见图2-4）。

图 2-4　体育赛事与目的地耦合及非耦合形象

3 国际体育赛事与城市形象耦合研究

举办国际性大型体育赛事具有刺激城市经济发展、提升城市文化软实力等积极作用。体育赛事能够为举办城市的文化软实力带来千载难逢的发展契机，它搭建起举办城市与国内、国外城市之间的文化交流互动平台，打开了向世界展示城市形象的窗口，吸引海内外八方瞩目。大型体育赛事同时具有吸引全球传媒的魅力，使其成为世界舆论关注的焦点，给世界一个认知和感受的机会，让外界感受到主办城市的历史文化底蕴、城市风貌、风土人情、文化观念等，扩大了举办城市的知名度和国际影响力，给城市文化软实力带来了潜力巨大的发展良机。

2018 年韩国平昌冬奥会、2018 年俄罗斯世界杯以及 2022 年中国北京—张家口冬奥会作为国际性的大型赛事，前期均进行了大量的赛事宣传和推广工作，极大地增加了城市曝光度，吸引了大量赛事参观者和游客，还招募了大量赛事志愿者，为城市增加了大量旅游客源。已经举办的韩国平昌冬奥会有条理的赛事组织、井然的赛场秩序、周到的配套服务提升了韩国旅游形象，打造了全新的旅游品牌。同样地，俄罗斯世界杯将其首都莫斯科的文化特色与赛事形象进行结合，打造了突出的耦合形象，进一步提升了俄罗斯的知名度和美誉度。

本章以 2018 年韩国平昌冬奥会、2018 年俄罗斯世界杯、2022 年中国北京—张家口冬奥会三个世界级别赛事为案例，通过分析大型国际体育赛事的举办情况与城市的发展情况，剖析其中突出的耦合形象，从两者之间关系演进的内在逻辑上揭示其协调发展的内在规律，从相互影响的角度去实证探寻大型体育赛事与城市发展的耦合关系。笔者希望通过对二者耦合关系的分析，为今后四川省的赛事举办和城市的协调发展提供合理的建议。

3.1　2018年韩国平昌冬奥会

3.1.1　案例简介及数据来源

2018年韩国平昌冬奥会，官方称为第二十三届冬季奥林匹克运动会，于2018年2月在韩国江原道平昌郡举行。约有3 000名来自世界各地的运动员参加比赛，这是韩国历史上第一次举办冬季奥运会。该届冬奥会的开幕式、闭幕式以及大部分的雪上运动比赛在平昌郡进行，而所有冰上运动比赛在江陵进行，高山滑雪滑降比赛则在旌善进行。平昌郡是韩国第三大郡，有着韩国五台山等文化旅游景点、江原道自然风景以及著名的龙平滑雪度假村（韩国开发较早且发展成熟的滑雪场地之一）。选择韩国平昌冬奥会为案例地主要有以下原因：首先，冬奥会作为世界顶级赛事之一，具有一定程度的吸引力，可以通过高水平赛事的对比发现四川省其他赛事中的不足之处；其次，韩国江原道地区作为著名旅游目的地，能够提供丰富的旅游资源，与四川省丰富的旅游自然资源存在相似之处，可供借鉴。

网络游记信息量庞大，覆盖的范围广泛，通过对网络游记进行文本分析能够较为准确地探知旅游者对于目的地的非耦合赛事形象、耦合形象以及非耦合目的地形象，并且在部分游记中会提及观赛及出游意愿。因此，笔者以网友自发撰写的网络游记为数据来源，随机在携程网和马蜂窝等旅游信息平台上进行搜索，而后采用人工识别的方法选取2018年1月至3月去往韩国，且提及冬奥会的游记攻略50篇，共计近10万字。

3.1.2　分析方法及工具

3.1.2.1　文本分析

文本分析法（Text Analysis）从文本的表层深入到文本的深层，从而发现那些不能为普通阅读所把握的深层意义。因此本研究参照以往形象质性研究以及形象测量研究，采取文本分析的方法对获得的数据进行深入分析，以发现赛事和目的地形象之间的耦合关系。

笔者对于观赏性赛事，采用游记进行测量；对于参与性赛事，譬如马拉松，抓取网络跑记数据进行分析。跑记是参赛者比赛体验的记录性文字。由于跑记是参赛者在非干预状态下自主撰写的，并主要用于记录个人参赛经历和与其他跑者进行交流，所以具有非常高的真实性和可信性，数据信度良好。而在内容上，跑记没有固定的格式，完全是一种自由表达，相比于封闭式的问卷，能够更加充分地反映参赛者的感受和对赛事形象的认知，因而具有较好的数据效度。因此，利用跑记可以从参赛者感知视角分析得到其对赛事及目的地的形象认知。

3.1.2.2　词频分析

词频—反转文件频率（term frequency-inverse document frequency，TF-IDF），是一种用于情报检索与文本挖掘的常用加权技术，以评估一个词对于一个文件或者一个语料库中的一个领域文件集的重要程度。字词的重要性与它在文件中出现的次数成正比增加，但同时会随着它在语料库中出现的频率成反比下降。TF-IDF加权的各种形式常被搜索引擎应用，作为文件与用户查询之间相关程度的度量或评级。在游记及跑记数据中，一个词语重复的频次越高表示参赛者对赛事的这种印象越为普遍和强烈，该词语也就越能够代表该赛事的形象。基于这一分析思路，本研究利用词频分析软件 ROST CM 6.0 软件对获取到的跑记进行数据分析。

3.1.3　游记编码过程

本研究参照以往形象质性研究（梁佳、吕兴洋、曲颖，2016）以及形象测量研究（吕兴洋、李春晓、李惠璠，2019），采取内容分析的方法对游记数据进行编码分析。首先进行的是开放式编码。开放式编码被应用于分析的最初阶段，通过对数据进行回顾找出反复出现的词语、主体以及概念性词语。通过开放式编码，逐步进行概念化和范畴化的统一。为保证本研究的信度和效度，通过比较两位编码员之间的交互判别信度来检验信度的大小。交互判别信度在 0.80 以上为可接受，0.90 以上为较好。编码员之间交互判别信度计算公式为：

$$R = \frac{n \times K}{1 + (n-1)K}$$

公式中 R 为交互判别信度，n 为编码员数量，K 为编码员间平均相互同意度。两位编码员的平均相互同意度 K 的计算公式如下（Ormerod，2000）：

$$K = \frac{2M_{AB}}{N_A + N_B}$$

公式中 M_{AB} 为两位编码员编码结果完全相同的分析单元数，N_A 代表第一位编码员编码的分析单元数，N_B 为第二位编码员编码的分析单元数。本研究主范畴的交互判别值约为 0.94，范畴的交互判别值为 0.96，均大于 0.90，因此编码结果具有较高的信度。

而后在开放式编码的基础上进行轴心式编码。轴心式编码将开放式编码中碎片化的数据资料进行聚类分析，找到不同分类之间的关联。通过对数据进行反复考察，最终获取 12 个对应范畴（见表 3-1）。

表 3-1　韩国平昌冬奥会耦合及非耦合形象构成

主范畴	对应范畴	范畴内涵
耦合形象	体现民族象征的赛事标识	白虎，神圣的守护动物，颜色预示着冬天的冰雪运动。冬残奥会吉祥物亚洲黑熊是坚强意志和勇气的象征，亚洲黑熊同时是江原道的代表性动物
	有当地特色的赛事服装、道具	冬奥会赛事颁奖礼仪服装来自韩国的传统长袍，色彩取自 2018 韩国平昌冬奥会的主题颜色宝蓝色和红色。奥运奖牌、火炬等采用韩国元素
	体现民族和平愿景的隆重仪式	在开幕式上，韩国、朝鲜两国代表团同举"朝鲜半岛旗"同时入场，传递两国渴望和平的理念
	在冬奥会举办期间有良好的观赛和旅游体验	江原道有名山胜水，是韩国首屈一指的旅游区，又是冬奥会举办地，滑雪场设施完善，观赛体验良好
非耦合赛事形象	速度与技巧结合的顶级赛事特征	比赛项目的刺激性、可观赏性，速度与技巧的结合
	世界一流的体育场馆设施	奥林匹克露天运动场、滑雪射击运动场和越野滑雪运动场等比赛场地
	具有举办奥运会的能力	冬奥会场馆集中，交通便利，建设多个比赛场地以及相关配套设施
非耦合目的地形象	异国情调的氛围和文化	在异国他乡体验到独特的生活方式及文化，如咖啡文化，充满异国魅力
	美丽的风景/自然景点	旌善环山绕水，自然风光优美，群山环绕，蓝天白云
	著名的历史文化景点	乌竹轩，历史悠久的木质建筑
	异国食物	独具江原道特色的拌饭、辣椒酱、泡菜、鲇鱼包饭酱等韩国传统美食
	环境氛围良好，社会治安稳定	环境舒适，干净整洁，氛围悠闲

　　在选择性编码阶段进一步对数据层次进行提炼，此时各个形象维度已经较为清晰，最终获得 3 个主范畴，确定了"赛事及目的地耦合和非耦合形象对旅游者意愿的影响"这一核心范畴。总的来看，非耦合赛事形象主要包括世界顶级的赛事特征、世界一流的体育场馆设施以及对韩国具有举办冬奥会能力的

描述。如对于冬奥会观看的不同赛事类型的描述，其中包括大量作为观赛者的现场体验的描写。旅游者会提及不同比赛的赛事特点，不同专业项目赛事的特点不尽相同，如高山滑雪项目注重速度和技巧的结合等。非耦合赛事形象还包括对于场馆设施的描述，如旅游者对于 Alpensia 度假村滑雪场、龙平度假村滑雪场、凤凰城滑雪场等不同场地设施的体验感受。耦合形象包括：许多值得冒险的环境和刺激性的体验，即基于当地资源的特色体育项目，如东江漂流、滑翔伞等运动体验；冬奥会的宣传元素和韩国传统文化相结合的部分，如街道上到处都可以看见冬奥会吉祥物"白虎"等；在冬奥会期间提及良好的入住体验。对于非耦合目的地形象而言，游记中提及的主要包括以下几个方面：韩国的异国情调的氛围和文化；自然资源，如江原道的山脉、海洋等景色；历史文化资源，如乌竹轩等名人居所，代表韩国独有的文化特色；对异国食物的描述，如独具江原道特色的拌饭、辣椒酱、泡菜、鲐鱼包饭酱等韩国传统美食；以及对于社会治安、环境氛围的描述。旅游者实地观赛的意愿和远期出游意愿表达较为清晰，数据中有明确提及。

3.1.4　耦合形象

耦合形象包括赛事和韩国的民族形象，两者有着深入的结合。白虎是韩国神圣的守护动物，颜色也预示着冬天的冰雪运动，韩国平昌冬残奥会吉祥物亚洲黑熊是坚强意志和勇气的象征，亚洲黑熊同时是江原道的代表性动物；并且有着代表当地特色的服装和道具，如冬奥会赛事颁奖的礼仪服装来自韩国的传统长袍的改良，色彩取自 2018 韩国平昌冬奥会的主题颜色宝蓝色和红色，奥运奖牌、火炬等均采用了韩国的代表性元素；体现民族和平愿景的隆重仪式：由于韩国、朝鲜的特殊关系，在冬奥会的开幕式上，韩国、朝鲜两国代表团同举"朝鲜半岛旗"同时入场，传递两国渴望和平的理念；在冬奥会举办期间观众有着良好的观赛和旅游体验：江原道既有名山胜水，是韩国首屈一指的旅游区，又是冬奥会举办地，滑雪场设施完善，观赛体验良好。

3.1.5　非耦合形象

韩国平昌冬奥会非耦合赛事形象主要包括世界顶级的赛事特征、世界一流的体育场馆设施以及对韩国具有举办冬奥会能力的描述。如对于冬奥会观看的不同赛事类型进行描述，其中包括大量作为观赛者的现场体验的描写。旅游者会提及不同比赛的赛事特点，不同专业项目赛事的特点不尽相同，如高山滑雪项目注重速度和技巧的结合等。非耦合赛事形象还包括对于场馆设施的描述，如旅游者对于 Alpensia 度假村滑雪场、龙平度假村滑雪场、凤凰城滑雪场等不同场地设施的体验感受。

对于非耦合目的地形象而言，游记中提及的主要包括以下几个方面：韩国的异国情调氛围和文化；自然资源，如江原道的山脉、海洋等景色；历史文化资源，如乌竹轩等名人居所，代表韩国独有的文化特色；对异国食物的描述，如独具江原道特色的拌饭、辣椒酱、泡菜、鲐鱼包饭酱等韩国传统美食；以及对于社会治安、环境氛围的描述。旅游者实地观赛的意愿和远期出游意愿表达较为清晰。

3.1.6　小结

韩国平昌冬奥会的组织筹办中，办赛城市目的地形象与赛事形象的融合比较成功，尤其是将韩国的文化特色及当地的自然资源和冬奥会的赛事形象进行了有机结合，耦合形象十分突出，其中结合了韩国、朝鲜的特殊情况，在赛事形象中体现了希望和平的愿望，通过冬奥会向世界宣扬了国家形象，传达了一定的政治信号。韩国平昌冬奥会的成功举办，不仅为 2022 年中国北京—张家口冬奥会提供了一定的借鉴，同时也可供国内其他办赛地区参考。

3.2　2018 年俄罗斯世界杯

3.2.1　案例简介及数据来源

国际足联世界杯（FIFA World Cup），简称"世界杯"，是世界上最高荣誉、最高规格、最高竞技水平、最高知名度的足球比赛，与奥运会并称为全球体育两大顶级赛事，且其影响力和转播覆盖率超过奥运会。世界杯每四年举办一次，现用奖杯为大力神杯。世界杯决赛阶段的主办国必须是国际足联（FIFA）会员国（地区），而且会员国（地区）需要向国际足联提出申请（可以两个会员联合申请承办），然后通过全体国际足联（FIFA）会员国（地区）投票选出。

2018 年国际足联世界杯是第 21 届国际足联世界杯，于 2018 年 6 月 14 日至 7 月 15 日在俄罗斯举行，因此又被称为 2018 年俄罗斯世界杯。这是第 11 次在欧洲举行世界杯，也是该比赛第一次在东欧举行。据估计，俄罗斯世界杯耗资超过 142 亿美元，是迄今为止最昂贵的一届世界杯。此次世界杯共计 32 支球队参加比赛，其中 31 支通过了资格赛，作为东道主的俄罗斯自动晋级。在这 32 个国家中，有 20 个国家为 2014 年世界杯的参赛国，其中冰岛和巴拿马是首次亮相世界杯。决赛 64 场比赛在俄罗斯 11 个城市的 12 个场馆举行。上届冠军德国队在小组赛中被淘汰。东道主俄罗斯在 1/4 决赛中被淘汰。在决赛中，法国队于 7 月 15 日在莫斯科卢日尼基体育场对阵克罗地亚。最终法国队以 4：2 赢得比赛，第二次获得世界杯冠军。

世界杯期间，为拉动旅游消费，俄罗斯政府推出了游客的入境免签、购物免税政策以及球迷火车专列等一系列举措，极大地推动了俄罗斯旅游业发展。俄罗斯旅游局透露，各国球迷在俄消费超过 20 亿美元。世界杯结束后，来俄游客数量较 2017 年同期实现了 14% 至 18% 的增长。马蜂窝旅游网于 2018 年发布的《俄罗斯世界杯旅游趋势报告》显示，2018 年 6 月有关俄罗斯旅游的关键词中，"世界杯"一词的热度环比增长 206%，而受 2018 年俄罗斯世界杯的带动，俄罗斯旅游热度整体上涨了 41%。在 2018 年俄罗斯世界杯之前，国内认为最为著名的俄罗斯旅游城市包括莫斯科、圣彼得堡、喀山以及索契（因举办冬奥会而被中国旅游者熟知）。而在 2018 年世界杯后，俄罗斯热门城市排行前十的分别为莫斯科、圣彼得堡、海参崴（符拉迪沃斯托克）、伊尔库茨克、索契、库尔曼斯克、堪察加彼得罗巴浦洛夫斯克、新西伯利亚、叶卡捷琳堡、喀山。其中，圣彼得堡的热度增长 14%，俄罗斯首都莫斯科在 2018 年 6 月热度增长 10.1%。值得注意的是，在排名前十的城市中，11 个俄罗斯世界杯赛事场馆所在地就占据了其中五席（具体见表 3-2）。

表 3-2　俄罗斯世界杯引发的旅游趋势一

俄罗斯热门旅游目的地	俄罗斯相关热门问答
莫斯科	
圣彼得堡	1. 莫斯科的什么东西便宜，适合多买些带回国送朋友？
海参崴	2. 俄罗斯旅游安全性及注意事项？ 3. 俄罗斯什么天气穿什么衣服？
伊尔库茨克	4. 你在俄罗斯有哪些有趣的经历？
索契	5. 去俄罗斯玩一周左右，大概需要多少钱？ 6. 在莫斯科住哪个区域性价比高，交通又比较
库尔曼斯克	方便？
堪察加彼得罗巴浦洛夫斯克	7. 几月份去莫斯科最好，都有哪些地方值得观光？ 8. 在俄罗斯换钱方便吗？在国内换还是去到当地再
新西伯利亚	换钱？
叶卡捷琳堡	9. 莫斯科到圣彼得堡有哪些交通方式？ 10. 如何在俄铁官网购买俄罗斯火车票？
喀山	

资料来源：中体行业网. 世界杯旅游趋势报告：俄罗斯旅游热度上涨 41% 北京上海球迷最热情［EB/OL］. http://www.tiyuhy.com/h-nd-6288.html，［2018-06-25］.

莫斯科作为俄罗斯的首都，是其政治、经济、文化、金融、交通中心，同时也是俄罗斯最大的综合性城市。此次世界杯的 64 场比赛中，八场小组赛、两场 1/8 决赛、一场半决赛及最引人注目的总决赛均在莫斯科举行，由此成为俄罗斯受 2018 年世界杯影响最大的城市。故本案例选取莫斯科作为案例地进行分析。

总体而言，在世界杯期间及之后，中国国内一、二线城市是对世界杯相关目的地关注度最高的客源地，尤以北京和上海为甚。最关心莫斯科世界杯旅游的 10 大客源城市分别为北京、上海、广州、深圳、成都、杭州、重庆、西安、武汉、天津。由于观看世界杯的大部分球迷比较年轻，世界杯的举办吸引了大量年轻人涌入，使得莫斯科的整体年龄结构偏向于年轻化。世界杯举办之前，游客在莫斯科当地的行程大多是克里姆林宫以及红场两大著名景点，且游客主要以传统跟团游为主。根据马蜂窝平台报告，世界杯举办之后，自由行游客增多，且游客更多地开始探索球场周边，从而发展出了许多新的热门游览景点。例如契诃夫、普希金等众多名人的长眠之地——新圣女公墓，例如球迷中心所在地——临近卢日尼基体育场的麻雀山，以及位于麻雀山的莫斯科国立大学、承载了莫斯科悠久历史文化的国家历史博物馆、亚历山大花园等也深受中国年轻旅行者喜爱（具体见表 3-3）。

表 3-3　俄罗斯世界杯引发的旅游趋势二

国内客源市场	热门景点
北京	
上海	1. 克里姆林宫
广州	2. 圣瓦西里升天教堂
深圳	3. 古姆国立百货商店
成都	4. 红场
杭州	5. 国家历史博物馆 6. 莫斯科国立大学 7. 莫斯科河
重庆	8. 亚历山大花园
西安	9. 新圣女公墓
武汉	10. 麻雀山
天津	

资料来源：中体行业网. 世界杯旅游趋势报告：俄罗斯旅游热度上涨 41% 北京上海球迷最热情 [EB/OL]. http://www.tiyuhy.com/h-nd-6288.html，[2018-06-25].

3.2.2 理论依据及分析方法

本案例基于品牌联想理论对俄罗斯城市品牌形象进行分析。品牌联想由存在于消费者记忆中的两部分信息组成：一是关于品牌的信息，二是品牌对消费者所具有的意义（Ogilvy，2001）。人的记忆是由节点和连接组成的联想网络，其中，节点表示存储的信息或概念，连接反映信息或概念之间的联系及强度。当节点信息接收到刺激时，大脑对该信息的回忆将通过连接实现扩散型激活。品牌联想即消费者记忆中与品牌节点相连接的信息节点（Keller，1993），能够反映消费者对品牌的感知和评价。因此，挖掘消费者的品牌联想，对分析旅游目的地品牌形象具有重要意义。由此，本研究基于品牌联想形态及内涵，构建莫斯科品牌联想网络，并从中分析出莫斯科目前的品牌形象，包括与世界杯的耦合形象与非耦合形象，进而剖析莫斯科在赛事与城市耦合过程中存在的问题及相应的对策建议，从而为 2022 中国北京—张家口冬奥会城市与赛事耦合发展提供对策建议。

笔者首先利用网络爬虫工具从马蜂窝、去哪儿网、携程网等各大主流旅游网站中抓取旅游日记来反映旅游者对莫斯科城市品牌形象的感知记忆；其次采取人工识别的方法选取样本，优先选取游记中与 2018 年俄罗斯世界杯相关的热门帖、精华帖，并剔除文体为诗歌、歌词及全部为图片或视频的游记，筛选出 2018—2021 年共 56 篇游记共计 38 万余字游客评论作为本研究的数据样本，并利用 ROST CM 6.0 及 SPSS 20 对搜集到的文本进行文本分析和聚类分析，提取出城市形象要素、构建城市形象网络，并最终描绘出莫斯科在 2018 年俄罗斯世界杯后的耦合形象与非耦合形象。

3.2.3 形象要素提取

笔者首先将搜集到的数据通过 rost 进行初步处理，通过分词、高频词分析等步骤，对莫斯科城市形象要素进行提取并进行类目构建。由于 rost 的高频词提取依据仅为该词出现的频率，若不加以处理，在对莫斯科样本数据进行分析的过程中会出现许多连接词、语气词及与研究目标完全无关的词。因此，在数据处理过程中，我们对此类词进行了剔除。筛选的主要步骤为：第一步，通过 rost 进行词频分析，显示出词频排名在前 300 的词；第二步，删除"提前""然后""各种"等无意义词，并将同一词的不同表达进行汇总，最终剩余 78 个词；第三步，将剩余的 78 个词按照比赛相关词、城市相关词、评价词分为三类。

词频分析结果（具体见表3-4）显示，游客在世界杯后对于莫斯科的城市形象感知可以首先分为城市原有形象要素与世界杯相关要素两大类，且对这些要素都有比较积极的看法。城市原有形象要素中，除了自身的名称外，词频排名第一的是"俄罗斯"，这彰显了莫斯科作为俄罗斯政治、经济、文化中心对于游客的强大吸引力。其次是"圣彼得堡"。作为俄罗斯的第二大城市，圣彼得堡常与莫斯科同时被提及，证明顾客出游莫斯科并非仅在莫斯科逗留，莫斯科与圣彼得堡在游客行程中常作为组合旅游目的地前往。剩余高频词为具体的旅游吸引物以及一些概括性词，具体可分为三类，包括人文景观类、自然景观类以及城市风光类。其中人文景观类主要涵盖了历史文化、宗教文化、红色文化以及文学相关等类别。历史文化如冬宫、博物馆、红场等；宗教文化如教堂、喀山大教堂、彼得保罗教堂等；红色文化如列宁、列宁格勒（圣彼得堡）、红色、苏联。对于莫斯科的城市形象而言，人文景观要素是其形象的突出组成部分。同时，自然景观与城市风光吸引物支撑了莫斯科城市形象的形成和发展，如伏尔加河、涅瓦河、麻雀山、建筑、广场、涅瓦大街、餐馆等要素也与莫斯科城市形象密切相关（即使部分景点并不位于莫斯科城市内部）。世界杯相关要素中出现的词则主要与足球及其主要场馆相关，包括卢日尼基体育场、球迷、球场、门票、足球、球票、体育场、球赛、球队、球员、点球等。

同时，根据词频分析所展示出的游客评价，得到情感分析结果（具体见表3-5）。积极情感占比47.52%，中性情感占比43.36%，消极情感占比9.12%。而在积极情感中，一般水平占比63.81%，中度水平占比21.70%，高度水平占比14.49%；在消极情感中，一般水平占比89.75%，中度水平占比9.54%，高度水平占比0.71%。总体而言，游客对于莫斯科的城市评价比较正面，认为去当地旅游性价比高，食物味道好，球迷和当地居民都很热情友好，为自身带来了开心、享受、快乐、热闹的旅游体验。

表 3-4 游记词频分析结果

维度	词	词频/次	维度	词	词频/次	维度	词	词频/次	维度	词	词频/次
城市相关 47个 (60.3%)	莫斯科	1 121	城市相关 47个 (60.3%)	马戏	53	比赛相关 12个 (15.4%)	世界杯	436	游客评价 19个 (24.4%)	便宜	97
	俄罗斯	790		伊尔	51		卢日尼基体育场	129		开放	66
	圣彼得堡	516		彼得大帝	50		球迷	422		方便	59
	教堂	469		列宁格勒	50		球场	144		好吃	55
	冬宫	389		涅瓦河	50		门票	121		热情	55
	红场	347		艺术	50		足球	83		漂亮	53
	博物馆	254		亚历山大	46		球票	81		可惜	47
	喀山大教堂	207		啤酒	40		体育场	80		美丽	39
	克里姆林宫	201		圣瓦西里大教堂	36		球赛	64		开心	27
	建筑	180		烈士墓	35		球队	42		遗憾	26
	广场	167		文化	34		球员	26		享受	26
	贝加尔湖	162		沙皇	33		点球	25		快乐	24
	餐厅	144		竞技场	32					友好	23
	涅瓦大街	124		武器库	31					热闹	22
	麻雀山	98		伏尔加河	29					激动	20
	历史	90		冰激凌	26					精彩	20
	游客	88		红色	26					自由	20
	剧院	85		苏联	26					欣赏	20
	一只蚂蚁市场	78		彼得保罗教堂	25					古老	19
	雕塑	71		酒吧	25						
	宫殿	62		壁画	22						
	味道	60		高尔基	22						
	普希金	58		纪念馆	22						
	列宁	54									

表 3-5 游记情感分析结果

情感类型	条数/条	比例/%	程度	条数/条	比例/%
积极情感	1 484	47.52	一般（0~10）	947	63.81
			中度（10~20）	322	21.70
			高度（20以上）	215	14.49
中性情感	1 354	43.36			
消极情感	285	9.12	一般（0~10）	254	89.75

表3-5（续）

情感类型	条数/条	比例/%	程度	条数/条	比例/%
			中度（10~20）	27	9.54
			高度（20 以上）	2	0.71

各要素之间是如何互相作用，共同构成莫斯科城市形象的，还有待进一步分析。

3.2.4　城市形象网络构建

为明确莫斯科各城市形象要素之间的相互作用关系，及其如何构建出莫斯科的整体城市形象，本案例进一步构建出其行特征值—行矩阵表（见表3-6），共计得到 33 个词，并得出各主要特征要素间的联系。由于词较多，为更好地展示此表，我们用 a~ag 分别对应：a=莫斯科、b=俄罗斯、c=圣彼得堡、d=教堂、e=世界杯、f=球迷、g=红场、h=冬宫、i=博物馆、j=克里姆林宫、k=喀山大教堂、l=广场、m=贝加尔湖、n=球场、o=餐厅、p=建筑、q=卢日尼基体育场、r=涅瓦大街、s=门票、t=麻雀山、u=便宜、v=历史、w=游客、x=足球、y=球票、z=体育场、aa=圣瓦西里、ab=球赛、ac=方便、ad=普希金、ae=热情、af=好吃、ag=马戏这 33 个词。

表 3-6　游记分析行特征值—行矩阵表

	a	b	c	d	e	f	g	h	i	j	k	l	m	n	o	p	q	r	s	t	u	v	w	x	y	z	…
a		128	133	28	98	51	57		17	17	22	23		16	19	32	14			26	19	17	14		15		
b	128		62	34	114	49	34	78	101	16	13	21		17	28		19			32	14		14	21			
c	133	62		28	40	19		28	13			17			17			12								32	
d	28	34	28			28		20	18	18	29			21								14					
e	98	114	40			78	25					13		20		17						25	30				
f	51	49	19		78		32							45		26			15			26	18				
g	57	34		28	25	32		15	23					18					21								
h		78	28				87					13															
i	17	101	13	20			15	87				14	14			16			33								
j	17	16		18		23						19							14								
k	22	13		18			19																				
l	23	21	17	29	13	45			14					13													

表3-6(续)

	a	b	c	d	e	f	g	h	i	j	k	l	m	n	o	p	q	r	s	t	u	v	w	x	y	z	…
m			.					14																			
n	16				20	26																					
o	19	17																									
p	32	28		21			18	13	16			13										18					
q	14																										
r			17																								
s		19			17				14																		
t	26					15																					
u	19	32	12																								
v	17	14		14			21		33						18												
w	14																										
x		14			25	26																					
y	15	21			30	18																					
z			32																								
…																											

为更为直观、形象地展示出各个词之间的联系，将行特征值—行矩阵表转化为语义网络图（见图3-1）。语义网络是一种用图来表示知识的结构化方式。在一个语义网络中，信息被表达为一组结点，结点通过一组带标记的有向直线彼此相连，用于表示结点间的关系。其中各连接线表示各要素的共线次数，代表了各要素间的关联程度，线条越粗，代表两要素间的关联程度越高。从语义网络图可以清晰地看出，莫斯科与俄罗斯、世界杯和圣彼得堡间的关联程度均非常高，彰显了莫斯科在2018年俄罗斯世界杯中的核心城市地位，以及其与圣彼得堡协同发展的城市关系。同时，游客对莫斯科的印象深受其身后的历史文化底蕴的影响，除世界杯的各类比赛为其留下深刻印象外，其还会前往冬宫、喀山、红场等历史文化景点进行游玩，带动了当地的旅游业发展，促进了莫斯科的文化传播。进一步地，莫斯科的历史及欧式建筑是其文化吸引物的主要来源和集中表现。游客对于莫斯科的主要评价表现为其历史文化底蕴深厚、整体性价比高、交通便捷四通八达、餐厅菜品十分好吃等方面。且这些要素都或多或少与世界杯相互关联，最终形成一张举办世界杯后，游客心中莫斯科城市形象网络，代表了2018年举办俄罗斯世界杯后游客心中的城市形象。

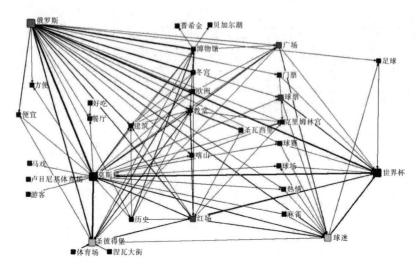

图 3-1 举办世界杯后莫斯科城市形象语义网络图

3.2.5 耦合形象

为进一步分析 2018 年举办俄罗斯世界杯对莫斯科城市形象的影响，本案例在图 3-1 的基础上进行了进一步调整，删除了俄罗斯、圣彼得堡与世界杯及其相关联想要素的连接线，以及仅与这两个词语相关的要素，如"体育场""涅瓦大街"等。同时删除了仅与莫斯科有连接，而与世界杯及其相关要素不相联系的要素，如"餐厅""好吃""方便""便宜"等，最终得到一个简洁的仅表示莫斯科与世界杯相互关联的语义网络图（图 3-2），代表了莫斯科与世界杯的耦合形象。

在这些路径中，莫斯科通过俄罗斯指向世界杯的线条最为明显。这主要是由于莫斯科作为俄罗斯的政治、经济、文化中心，是 2018 年俄罗斯世界杯比赛的主要比赛场地所在，因而也必然成为 2018 年俄罗斯世界杯的核心和代表城市。同时通过圣彼得堡这一第二大城市指向世界杯的线条也非常显著，这充分体现了莫斯科与圣彼得堡分别作为俄罗斯第一大和第二大城市的协同共生发展关系，也验证了俄罗斯世界杯狂欢季是向莫斯科出发、从莫斯科出发的。

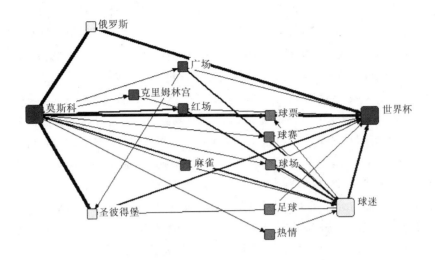

图 3-2 举办世界杯后莫斯科城市耦合形象语义网络图

其次是通过球迷、球票、球赛、球场、足球连接莫斯科与世界杯，这些与足球息息相关的要素体现了世界杯主会场的气氛，成为莫斯科城市与世界杯进行形象耦合的关键连接点。游客游记中提及"现场看世界杯，直面喜欢的球星，遇见可爱的各国球迷们，感知世界杯的火热精彩""一路球迷中心，各国球迷们的笑脸""不是每个球迷都有幸获得球票去球场观战，而 FIFA FAN FEST 就是大多数球迷的最佳选择，在里面不仅有球赛、有音乐、有啤酒，还能与更多的球迷一起尽情欢乐"等。

代表性景点是每一个城市精神、文化的象征，故在 2018 年莫斯科世界杯期间，其代表性景点也是观看比赛之余球迷聚集最多的地方，例如莫斯科的红场、麻雀山观景台，下诺夫哥罗德的高尔基广场，圣彼得堡的冬宫广场、涅瓦河畔等。这一特点在城市形象耦合网络图中的表征也非常明显，"世界杯"及其相关要素与"克里姆林宫""红场""麻雀山"以及"广场"等词共同出现。如同故宫之于中国，克里姆林宫也是俄罗斯的国家象征，被联合国教科文组织评为世界文化遗产，是世界第八大奇迹。游客虽是被世界杯吸引前往，但是克里姆林宫也成了其必备打卡地。红场作为莫斯科的正中心，热闹非凡，南端坐落着圣瓦西里主教堂，北边红色建筑是国家历史博物馆，中间是古姆国立百货商店。各国球迷在红场上欢聚一堂，人声鼎沸，人头攒动，欢乐地游行，为游客带来了独特的游玩体验。而 2018 年俄罗斯世界杯最大的球迷中心（FAN FEST）设立于麻雀山上的莫斯科国立大学脚下，充分发挥了麻雀山作为莫斯科著名登高台的价值，使得游客得以在此地观赏整个莫斯科的夜景，不仅宣传了莫斯科夜景，更有助于莫斯科国立大学在游客心中留下印象，宣扬莫斯科的文化属性。而"广场"一词则带有更为广泛的概括性，包括莫斯科大教堂广场、战神广场等。世界杯期间，这些广场内均有很多关于足球的活动，显得格外的热闹，进一步增进了游客与当地居民的互动，增强了游客对于莫斯科城市生活的理解，同时也为整座城市营造了更强的世界杯氛围。

在此耦合形象图中，仅有"热情"一个形容词，主要提及"好在随处都有热情的球迷""不管你是谁都不可能不被这么多热情的球迷、每个人脸上友好的笑容打动""球迷的热情真的太（令人）震撼了，真是锣鼓喧天、红旗招展、唱国歌，大家玩得相当 high~"等。球迷与热情关联十分紧密，这体现了在世界杯期间的游客互动为莫斯科城市形象塑造带来的印象。虽说游客的热情感知更多地来源于球迷，但由于这一感知发生的背景是莫斯科，因此最终也对莫斯科形成了热情的印象（即如图 3-2 所示，构建了莫斯科与热情之间的连接）。但莫斯科传统上是一个欧洲国家，维度较高，平常在游客心中的印象并非热情的，比赛有助于提升莫斯科的城市形象。

3.2.6 非耦合形象

为进一步分析出莫斯科的非耦合城市形象，本案例在图 3-2 举办世界杯后莫斯科城市形象语义网络图的基础上选择不显示"世界杯"这一关键要素，由此，球迷、球票、球赛、球场、足球等与世界杯相关的要素及其与莫斯科的连接线也随之消失，余下的连接网络则是在脱离世界杯后依然独立存在于游客心中的城市形象要素及其相互关系，与世界杯的耦合相对不紧密。对比图 3-2 与图 3-3 可以发现，虽然俄罗斯、圣彼得堡、红场、克里姆林宫、红场这四个要素在莫斯科与世界杯赛事耦合中起到了至关重要的作用，但当"世界杯"一词不再出现时，这四个要素依然存在。这说明，首先，对于"莫斯科—俄罗斯"而言，不论是否举办世界杯，莫斯科作为俄罗斯的政治、经济、文化中心，都具有不可割裂的强烈联系，是莫斯科城市形象的组成部分。其次，对于"莫斯科—圣彼得堡"同样如此，两座城市分别作为俄罗斯的第一大和第二大城市，距离相近，历史渊源深厚，其协同共生发展模式注定了其关联不会因为举办世界杯而发生根本性改变。最后，克里姆林宫与红场这两个莫斯科经典景点虽然会受到举办世界杯的影响，提高其知名度，并帮助其进一步焕发活力，但作为传统包团旅游中的组合产品的重要组成部分，基于其深厚的历史底蕴以及其对于莫斯科乃至整个俄罗斯的重要意义，其原本对于莫斯科品牌形象的代表意义和重要地位并不会被遮盖。因此它们将同时出现在莫斯科城市形象的耦合形象与非耦合形象中，成为莫斯科城市发展的名片和代表性景区。

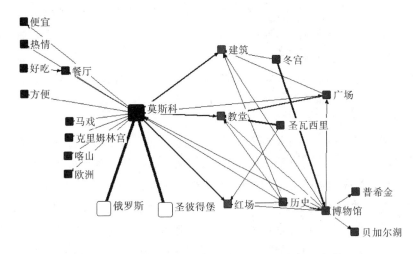

图 3-3　举办世界杯后莫斯科城市非耦合形象语义网络图

而麻雀山与广场这两个要素却随之消失。首先，麻雀山本就是随着世界杯举办而新兴的热门景点，其通常被游客与世界杯及其相关要素共同提及，因此在此处将会消失。而各类广场作为世界杯期间球迷活动的主要载体，与世界杯也是伴生关系，当"世界杯"不再显示，其理应同时消失。故此，这两个要素是相对独立的莫斯科耦合形象的组成要素，与马蜂窝 2018 年发布的《俄罗斯世界杯旅游趋势报告》结论一致。

"热情"这一形容词在"球迷"一词消失后依然出现在了网络图中，与莫斯科相互联系，这证明了游客对于莫斯科城市形象的热情感知并不仅仅来源于游客间互动，同时也来源于主客互动。如游客在游记中写道："地铁站内的地面以及墙面会有很多关于比赛场馆以及球迷广场的信息提示，为广大球迷提供便利。同时在各大地铁站外都会有问讯处，世界杯志愿者会很热情地提供相关的信息给需要帮助的人。""在当地大姐姐的热情帮助下，总算第一次体验了俄式滴滴，非常方便省心。""这里的人们热心、友善、淳朴、热情。""俄罗斯人热情友善。""俄罗斯人对芭蕾的热情就像我们习惯去看电影一样。"这种热情不仅指代了当地居民对于游客的积极热情的态度，还包括了当地居民对于生活、文化、艺术的热情。尤其是游客刻板印象中高大、粗犷、野蛮而且政治上有点扭曲的战斗民族，在实际交往中其实非常热情好客甚至会让人感觉有点"人畜无害"，他们会在游客遇到困难时突然出现并主动帮忙，展现出与游客原有刻板印象并不相符但又和谐统一的特质，从而对于游客更具吸引力。

其余词则均是未出现于举办世界杯后莫斯科城市耦合形象语义网络图中的元素，其中"餐厅""马戏""喀山大教堂""欧洲"均是与其他城市形象要素关联较小的、较为独立的要素。"欧洲"主要出现在与古姆国立百货商店以及与莫斯科的建筑风格相关的描述中。由于俄罗斯传统上是一个欧洲国家，莫斯科更是位于东欧，因此其建筑特色、饮食习惯、销售商品等也都具有欧洲特色。这一特色植根于莫斯科的城市基因中，并不因世界杯的举办而发生迁移。因此游客在游记中说："位于红场的东侧，正对着克里姆林宫，是世界知名的十大百货商店之一，欧洲古典风格的米黄色建筑和旁边色彩瑰丽的教堂和谐地组成红场上一道亮丽的风景""莫斯科大学的旧校址原来在莫斯科市中心，目前是世界上最高的大学，也是1990年前欧洲最高的建筑""商场里面是欧洲古典风格"。餐厅作为旅游的"食住行游购娱"六要素中"食"的主要代表，也被游客广泛提及，且对其拥有较强的正面评价。具体而言，游客认为莫斯科餐厅中的食物物美价廉、种类丰富且对餐厅的外观与所在环境投入了较大关注，而其最大的特点就是美味，"好吃"这一评价在游记数万词中与餐厅的共现次数排名，从而出现在了语义网络图中，足以理解莫斯科食物在游客心中的重要地位。具体而言，主要有"在餐厅品味代表性的红菜汤、鱼子酱、小煎饼，非常惬意。由于莫斯科昼夜温差大，露天的餐厅还会为女士提供一条毛毯，相当有情趣""有很潮很带感的餐厅和商店""餐厅建在三楼，风景真的特别漂亮""餐厅很别致，进去还有他们传统的蘸盐面包，感受了一把，红菜汤很好喝"等。而作为俄罗斯的三大艺术瑰宝（芭蕾、戏剧、大马戏）之一，"马戏"也进入了莫斯科的核心城市形象要素，这主要是由于相比于芭蕾和戏剧等需要具备较强文学素养和较高审美能力的艺术形式，大马戏更加雅俗共赏，因而更能吸引大众旅游者前往体验。正如有游客在游记中写道："看芭蕾和戏剧都需要穿正装。芭蕾看不懂，戏剧也看不懂，所以只能选择看大马戏。"喀山大教堂作为圣彼得堡东正教的主要教堂之一，却出现在了莫斯科游记中，再一次验证了莫斯科与圣彼得堡的不可分割性。这一教堂以古罗马圣彼得教堂为蓝本，历经10年才建成。原本女士进入是需要包裹头发的，但是在世界杯期间却并不强制要求游客包头发，吸引了许多对欧洲宗教感兴趣的游客前往。作为一座古老的教堂，其气质沉静，核心吸引力与象征着活力、热情的世界杯相去甚远，因而与世界杯并未产生过高耦合。

除此之外，莫斯科还有两大重要的相对孤立的城市形象——"便宜"与"方便"。不难理解，俄罗斯旅游产品与东南亚旅游产品一样，向来被认为是极具性价比的。这种性价比不仅表现在其旅行社报价上，更表现在莫斯科旅游的各个细节中，如游客提及"邮寄 5 千克物品，国际邮费折合为人民币共计170 块，算便宜了""食物都便宜好吃""配套的还有 Teana 面膜粉，这款产品也是非常便宜""莫斯科的公交地铁都超便宜"集中体现了旅游六要素中对于"购"的评价。"方便"则集中表达了对于莫斯科"行"的赞扬，如"莫斯科住宿可在红场附近、阿尔巴特街附近，交通很方便""莫斯科、圣彼得堡两大城市的地铁都四通八达、标识清晰，虽然只有俄文，但也无碍方便乘坐，是游客的首选"。

除上述相对独立的与莫斯科城市形象紧密联系的要素及评价外，莫斯科的非耦合城市形象还主要源于"建筑""教堂""红场""冬宫""圣瓦西里""历史""广场""博物馆""普希金""贝加尔湖"等联系紧密的要素上。由于贝加尔湖并不位于莫斯科，不过是由于游客通常会经由莫斯科前往贝加尔湖，从而产生了一系列联系。排除贝加尔湖以后，不难看出，文化要素是莫斯科城市形象的主要来源和构成部分，久经风雨而不衰，当然也不会因为世界杯而发生大的变化。除前面已经分析过的红场以及与之具有相似性的"圣瓦西里""建筑""教堂""博物馆"等词，是由于这些景点所具备的深厚历史底蕴而不论何时游客去都将被其吸引外，"普希金"属于另一类文化吸引力的代表——文化名人。"普希金"一词不只代表了普希金一个人，它代表了新圣女公墓景区，代表了俄罗斯大文豪果戈理、契诃夫，著名舞蹈艺术家乌兰诺娃、飞机设计师米高扬等一众为俄罗斯发展做出杰出贡献的人，更代表了莫斯科乃至俄罗斯辉煌灿烂的文化底蕴和辉煌成就。它们同莫斯科这座城市一样，同俄罗斯这个国家一样，铮铮铁骨，昂然挺立，成为莫斯科城市形象的奠基。

3.2.7 小结

莫斯科在 2018 年俄罗斯世界杯比赛的组织筹办及后续发展中，城市及目的地形象与赛事形象的结合情况突出，尤其是将莫斯科的文化特色和世界杯的赛事形象进行了有机结合，耦合形象比较突出。世界杯的举办吸引了大量年轻游客涌入，为整座城市增添了活力。举办世界杯之前，游客在莫斯科当地的行程大多是克里姆林宫以及红场两大著名景点，且游客主要以传统跟团游为主。而在世界杯比赛过程中以及比赛结束后，自由行游客增多，且游客更多地开始探索球场周边，从而发展出了许多新的热门游览景点。这使得莫斯科原有的古老、历史文化底蕴深厚的城市形象与世界杯相耦合，并向世界传递了莫斯科热情好客的形象，让全世界的人更加了解莫斯科这座美丽的富有文化底蕴的城市，为这座城市注入更多青春的血液，让莫斯科这一古老的城市再次沸腾起来。但同时，莫斯科城市在与世界杯进行耦合的过程中也有许多做得不好的地方，如许多历史文化场馆依然是独立于世界杯比赛形象的，或者仅仅是作为一个游客观看世界杯以后顺势游览的地点存在，很多历史文化元素尚未很好地与赛事进行耦合。与莫斯科一样，北京作为我国的政治文化中心，同样拥有深厚的历史文化底蕴，因此在 2022 年北京—张家口冬奥会即将到来之际，如何有意识地将其与城市自身形象进行耦合，使得 2022 年北京—张家口冬奥会融入北京和张家口的城市基因中，需要从莫斯科案例中汲取经验，规避教训，从而最大限度地实现城市与赛事的耦合，促进城市发展。与此同时，莫斯科案例为四川省促进体育赛事与城市的耦合发展，提升赛事形象同办赛城市形象的耦合程度提供了经验借鉴。

3.3　2022 年中国北京—张家口冬奥会

3.3.1　研究背景

形象是最直接被体育赛事观众与旅游者感知的，赛事形象与目的地形象的耦合是体育与旅游产业融合的直观表现。赛事与目的地耦合形象部分既能表现赛事的特征，又能突出目的地的特色，而目的地形象的建设本为目的地营销工作中的长期工作重点，因此，对于赛事与目的地耦合形象的打造更是其中的重中之重。然而，现实中很多目的地在举办赛事后留给旅游者的印象往往只是"某项赛事在某地举办"，却没能形成综合性的形象，没有营造出目的地自身的高度辨识力，赛事与举办地的耦合形象仍停留在较浅的层面。有个别目的地能够收到良好的营销效果，但其经验却不可复制，其他目的地无法达到同样的预期收益。这些浅层耦合，甚至形象分离的情况给赛事举办方和旅游部门工作的进一步开展带来了极大的挑战。

张家口作为 2022 年冬季奥林匹克运动会的举办地之一，同时兼具了丰富的自然资源和人文资源，在结合自身已有的滑雪场地的基础上正在修建云顶滑雪场等场馆群，以供冬奥会比赛使用。而且因为自身拥有丰富的冰雪资源，是国内外滑雪运动爱好者主要的休闲运动目的地，每年吸引着大量国内外滑雪爱好者到访。因此，张家口具备优秀赛事举办地和有吸引力的旅游目的地两种身份特征，其中赛事形象与目的地形象在张家口均有较为突出的体现，与本研究希望探究的赛事形象与目的地形象关系问题恰好契合。所以，本研究希望以北京—张家口冬奥会为例，将张家口作为案例地，通过对赛事形象和目的地形象结合的现状分析，探讨赛事举办期内（近期）赛事形象与目的地形象对于观赛意愿的影响，以及赛事举办期后（远期）对于旅游者出游意愿的影响。

3.3.2　研究假设

3.3.2.1　不同形象对实地观赛意愿的影响

品牌形象是消费者对于品牌总体性的认知和看法（Aaker、Biel，2013），对于消费者的购买意愿、满意度和忠诚度存在着重要影响（孙健、王跃，2009）。赛事形象即为品牌形象在体育领域中的具体应用。赛事形象包括一系列体现赛事主题、宗旨的感知要素符号，能够反映赛事的价值（耿松涛、李恒云，2012）。鲜明的赛事形象能够带给赛事观众深刻和直观的印象，通过赛事形象传达赛事所宣扬的精神，满足赛事观众感官上和心理上的双重体验（Smith、Stewart，2007）。赛事观众是指通过各种方式观看体育比赛的观众，而赛事旅游者是指以观看体育赛事为目的，选择前往异地在现场观看比赛的赛事观众（Chi、Qu，2008）。相较于通过其他媒介观看赛事，在现场观看体育赛事的刺激性和享乐性的临场体验感会更为真切。因此，优秀的赛事形象会促使赛事观众更多地转化成赛事旅游者，倾向于选择前往实地观看体育赛事。由上文分析可知，赛事形象由非耦合赛事形象和耦合形象共同构成，故二者均对赛事观众去往实地观赛的意愿产生积极影响。

与此同时，赛事举办地所传递的目的地形象是赛事观众是否去往异地观看比赛的另一个重要影响因素（郭亚军、张红芳，2002）。首先，前来观看赛事的赛事旅游者会使用相关的旅游接待设施，故当举办地能够为体育赛事旅游者提供优质的产品、设施和服务，能够满足其多方面的需求时，其更愿意去往目的地进行赛事观看（琼达、赵宏杰，2016）。尤其是远途旅游者，在旅程的时间相对较长、目的地相对陌生的情况下，充足的目的地接待能力更是其考虑的重要因素。其次，赛事举办地同时也是旅游目的地，目的地形象代表着该地拥有与众不同的旅游产品，能够对赛事旅游者在考虑赛事形象的基础上产生更多的吸引力（李天元，2001）。并且当比赛赛程（周期）较长时，目的地丰富的旅游资源可以为赛事旅游者在非观赛时间提供充足游览的机会，使其感受到更为充实的观赛过程。因此，目的地形象对于赛事观众的实地观赛意愿产生积极影响，使其更容易转化为赛事旅游者。而由上文可知，目的地形象由耦合形象和非耦合目的地形象共同构成，故二者均对于赛事观众去往实地观赛的意愿产生积极影响。综上所述，本研究提出如下假设：

H1a：非耦合赛事形象正向影响赛事观众实地观赛意愿；

H1b：耦合形象正向影响赛事观众实地观赛意愿；

H1c：非耦合目的地形象正向影响赛事观众实地观赛意愿。

3.3.2.2 不同形象对出游意愿的影响

许多赛事往往以巡回赛的形式举办，每一次赛事举办地都不尽相同。虽然对于举办地来说，赛事形象中的非耦合部分在赛事举办期间对举办地的影响非常明显，但当赛事迁移至另一目的地举办时，非耦合赛事形象对原举办地的影响会随赛事结束时间变长而减弱，无法再像赛事举办期间一样吸引以观赛为目的的体育赛事旅游者，甚至可能会将体育赛事旅游者吸引至另一赛事举办地，对体育赛事旅游者的出游意愿会造成负向影响。但是，此时形象的耦合部分因为已经融入目的地形象之中，尤其在大型赛事举办过后，办赛场馆设施作为人造景点和建筑，被视为特定的文化遗产，即使赛事结束后也能够使后续参观的旅游者了解到当时举办赛事的盛况，增进对赛事文化的认识。此外，如"奥运举办城市"等头衔在一定程度上代表大众对于该地的认可程度，代表该地具有完善的接待设施和充足的接待能力，会吸引更多的异地旅游者前往目的地。因此，耦合形象可以在一定程度上代表目的地特征，成为象征旅游目的地的特定元素。综上所述，与实地观赛意愿不同，赛事形象中只有耦合形象的部分能够对旅游者的远期出游意愿产生吸引力。

旅游者在决定出游之前，在具备出游动机后，会主动收集目的地的相关信息，通过对各种信息进行整合，形成对于目的地形象的综合性认知。此时，旅游者会根据已知的目的地形象进行决策（Dann，1996）。具体而言，目的地形象很大程度上是目的地的真实反映，同时也代表着目的地区别于其他地方的独特优势，旅游者通过感知到的目的地形象而产生特定的期望。对于某地的感知越好，预期越高，越希望去往某地亲身进行游玩体验，该地就越有可能成为旅游者选择的到访目的地（Alilvand、Samiei、Dini，2012）。根据传统旅游领域的大量研究结果，目的地形象能够对旅游者的出游意愿产生积极影响（Beerli、Martin，2004），而目的地形象既包括非耦合目的地形象又包括耦合形象，因此，两部分均会对出游意愿产生积极的影响作用。为此，本研究提出如下假设：

H2a：耦合形象正向影响旅游者远期出游意愿；

H2b：非耦合目的地形象正向影响旅游者远期出游意愿。

3.3.2.3 赛事内聚度的调节作用

赛事内聚度意为观众对于赛事的喜爱程度和忠诚度，代表着赛事旅游者与赛事之间的连接程度和黏度，是衡量赛事对观众的吸引力水平的重要因素。由于去往实地观看比赛带来的刺激感和满足感相较于通过其他媒介观看赛事更为直接和强烈，在现场得到的体验氛围更佳，因此，更热爱赛事、对于赛事忠诚度更高的赛事观众，更愿意选择去往实地观赛。当赛事内聚度越高时，表明赛事观众对于赛事的忠诚度越高，越愿意选择去往实地观赛，赛事观众越容易转化成为赛事旅游者。对于赛事形象来说，赛事内聚度同时作用于非耦合赛事形象和耦合形象对于实地观赛意愿的影响。因此，随着赛事内聚度的增加，赛事形象对于赛事观众的观赛意愿影响更为强烈。为此，本研究提出如下假设：

H3a：相比于低赛事内聚度，高赛事内聚度下，非耦合赛事形象对赛事旅游者实地观赛意愿的影响作用更强；

H3b：相比于低赛事内聚度，高赛事内聚度下，耦合形象对于赛事旅游者实地观赛意愿的影响作用更强。

许多赛事通常以巡回赛的形式举办，比如世界杯等世界性的赛事，往往不固定在同一目的地举办，而是选择不同的目的地。在赛事内聚度越高的情况下，赛事旅游者越忠诚于赛事本身，更愿意追逐固定的赛事，会因赛事举办地的迁移而前往不同的城市或地区。因此，对于之前的举办地而言，旅游者的出游意愿随着赛事的结束而降低，且赛事内聚度越高，下降越为显著。为此，本研究提出如下假设：

H4：相比于低赛事内聚度，高赛事内聚度下，耦合形象对于旅游者的远期出游意愿的影响作用更弱。

根据以上论述，我们构建理论模型如下，具体见图3-4。

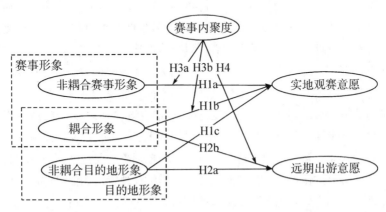

图3-4　赛事与城市形象的耦合及其影响模型

3.3.3 赛事与城市形象的耦合分析

本研究参照以往形象质性研究（李春晓 等，2018）以及形象测量研究（吕兴洋、沈雪瑞、梁佳，2015），采取文本分析的方法对游记数据进行分析，以发现赛事和目的地形象之间的关系，以及两者之间是否存在相互耦合的部分。质性研究的方法可以从现实情况中提取出真实的耦合形象。考虑到网络游记素材信息量庞大，覆盖的范围广泛，通过对网络游记进行文本分析能够较为准确地探知旅游者对于赛事形象和目的地形象的感知，并且在部分游记中会提及观赛及出游意愿。因此，依据以往学者对于形象的研究（Beerli、Martin，2004），本研究以网友自发撰写的网络游记为数据来源，在马蜂窝、携程网、途牛网等旅游信息平台上随机选取样本，而后采用人工识别的方法选取2017年12月至2018年3月期间去往张家口且提及冬奥会的游记攻略100篇，共计近15万字。

首先对获取的数据资料进行文本分析，进行编码工作。由3位相关领域的编码人员经过培训后独立完成三级编码过程（Chalip、Green、Hill，2003）。在所有样本数据中，被不同旅游者重复提及的条目代表其对于赛事和目的地的认知和感受是越普遍的，则该条目可以在一定程度上代表赛事和目的地。基于此分析思想，对数据进行回顾找出反复出现的描述性词语、设施等客观物体以及概念性词语的条目。而后将碎片化的数据资料逐一进行归类，若描述的客体相似、形容词相近的条目即可被认为是一类的，例如将"冬奥会比赛项目繁多""冬奥会包括20多个项目"可以合并且归纳为冬奥会项目类型多样。通过进一步的整理，我们提炼出赛事形象和目的地形象两个维度的条目。在此基础上，通过对两者进行比对，发现两者可以被清晰地划分为两个相互独立的部分以及重叠的部分，将只与冬奥会赛事本身相关的描述归纳为非耦合赛事形象维度，将既提及赛事又提及目的地的描述归纳为耦合形象，将对目的地本身的描述归纳为非耦合目的地形象。具体来看，非耦合赛事形象主要包括赛事水平高、赛事类型多样、冬奥会是观赏性很强的赛事、冬奥会保障体系非常完善以及比赛场地专业五个方面的描述。非耦合目的地形象主要包括：美丽的自然景观、悠久的历史文化景点、热情好客的当地居民、独特的风俗民情以及便利的交通条件。而耦合形象包含了对丰富的冰雪资源、顶级的滑雪场地、适合冬奥会的举办，以及正在修建的奥运旅游小镇和旅游者能够体验到的冬奥会预热的氛围五个方面的描述，既涵盖了冬奥会赛事本身，又体现了张家口的资源情况。分析结果如表3-7所示。

表 3-7 张家口耦合及非耦合形象构成

主范畴	对应范畴	范畴内涵
非耦合赛事形象	赛事水平极高	冬奥会是世界上规模最大的冬季综合性运动会，竞技水平超高
	赛事类型多样	冬奥会项目分为滑雪运动、雪橇运动等类别，至今共设 7 个大项、22 个分项、109 枚金牌
	赛事观赏性强	花样滑冰、短道速滑、冰球等比赛项目极具观赏性，能够带给观众愉悦、刺激的观赛体验
	保障体系完善	冬奥会赛事保障体系发达，医疗保障完善
	比赛场地专业	场馆功能及赛道指标达到国际单项体育组织要求标准
耦合形象	冰雪资源丰富，适宜冰雪运动	目的地的冰雪资源与冬奥会比赛场地条件契合。张家口是著名的滑雪旅游目的地，冰雪资源优势明显
	世界级滑雪赛道，顶级滑雪场地	冬奥会比赛场地设计满足奥组委、国际雪联标准。自由式滑雪和单板滑雪比赛场地投入使用，赛道世界最佳
	特色冬奥小镇，冰雪活动丰富	奥运村建设规划与冰雪旅游小镇结合。太子城冬奥核心区域，打造以冰雪为特色的旅游小镇
	冬奥气氛热烈，滑雪氛围极佳	冬奥会元素和大众滑雪运动体验结合。选择崇礼滑雪场，感受冬奥会的气氛，体验滑雪运动
非耦合目的地形象	优美秀丽的自然景点	当地自然景观优美，有典型的草原湖泊风光
	历史悠久的文化景点	张家口堡建于明宣德年间，至今已经有近 600 年的历史，历史文化悠久
	独具特色的当地食物	特色美食莜面的吃法颇多，风味各有千秋。莜面窝窝、鱼儿等各具特色
	热情好客的当地居民	张家口堡的青山秀水孕育了古朴的民风，当地居民热情好客
	独特新奇的风俗民情	闻名已久的打树花活动就是在张家口举行的
	快捷便利的交通条件	崇礼铁路、延崇高速、宁远机场等交通设施的结合，形成以铁路公路为主、航空为辅的现代化奥运综合交通体系

3.3.3.1 耦合形象

耦合形象包含了对丰富的冰雪资源、顶级的滑雪场地、适合冬奥会的举办，以及正在修建的奥运旅游小镇和旅游者能够体验到的冬奥会预热的氛围五个方面的描述，既涵盖了冬奥会赛事本身，又体现了张家口的资源情况。具体来看，张家口冰雪资源丰富，适宜冰雪运动，目的地的冰雪资源与冬奥会比赛场地条件契合；张家口有着世界级滑雪赛道、顶级滑雪场地，冬奥会比赛场地设计满足奥组委、国际雪联标准，并且自由式滑雪和单板滑雪比赛场地已经投入使用，赛道堪称世界最佳；张家口正在建设特色冬奥小镇，冰雪活动丰富，奥运村建设规划与冰雪旅游小镇结合，太子城冬奥核心区域的规划设计科学合理，打造以冰雪为特色的旅游小镇；冬奥气氛热烈，滑雪氛围极佳，冬奥会元素与大众滑雪运动体验深入结合，很多滑雪爱好者倾向选择崇礼滑雪场来体验滑雪运动，提前感受冬奥会氛围。

3.3.3.2 非耦合形象

非耦合赛事形象主要包括赛事水平高、冬奥会是世界上规模最大的冬季综合性运动会、竞技水平超高；赛事类型多样，冬奥会项目分为滑雪运动、雪橇运动等类别，至今共设 7 个大项、22 个分项、109 枚金牌；冬奥会是观赏性很强的赛事，花样滑冰、短道速滑、冰球等比赛项目极具观赏性，能够带给观众愉悦、刺激的观赛体验；冬奥会保障体系非常完善，有着专业的医疗保障体系以及比赛场地专业，场馆功能及赛道指标达到国际单项体育组织要求标准五个方面的描述。

非耦合目的地形象主要包括：美丽的自然景观，当地有典型的草原湖泊风光；悠久的历史文化景点，张家口堡建于明宣德年间，至今已经有近 600 年的历史，历史文化悠久；独具特色的当地食物，特色美食莜面的吃法颇多，风味各有千秋，莜面窝窝、鱼儿等各具特色；热情好客的当地居民，张家口堡的青山秀水孕育了古朴的民风，当地居民热情好客；独特的风俗民情，闻名已久的打树花活动就是在张家口举行的；以及便利的交通条件，崇礼铁路、延崇高速、宁远机场等交通设施的结合，形成以铁路和公路为主、航空为辅的现代化奥运综合交通体系等。

3.3.3.3 小结

2022 年北京—张家口冬奥会虽然还未举办，但一系列设计、规划、建设及运营工作无不体现了赛事形象与张家口当地特征元素的深入结合。冬奥会作为典型的世界级大型赛事，其中的耦合形象特色鲜明，对于四川省大型赛事的举办有着重要的借鉴意义。

3.3.4 耦合与非耦合形象影响的实证分析

3.3.4.1 问卷设计及数据获取

在分析了赛事和目的地形象，解析了两者形象的关系并验证了耦合形象的存在性后，本研究希望进一步通过问卷调查的方法验证上文提出的假设，对非耦合赛事形象、耦合形象、非耦合目的地形象三个变量是否对实地观赛意愿和远期出游意愿产生影响进行更为详细的路径分析，并对赛事内聚度的调节作用进行验证。调查问卷包括三个部分，首先是非耦合赛事形象、耦合形象以及非耦合目的地形象的测量题项。测量题项来源于上述文本分析，将分析得到的范畴内涵（表3-7）编制为问卷中的题项。其次，参照 Chalip（2003）和 Chen 等（2013）文献中已有的成熟的量表工具对赛事观众的实地观赛意愿和旅游者的远期出游意愿进行测量。最后为人口统计学信息。上述题项均采用7级李克特量表，问卷调研通过问卷网发放。调研数据回收完毕后，共得到286份样本，在剔除无效样本后，共得到有效样本263份。有效样本中，男性答题者占49.6%，女性答题者占50.4%，被试者的年龄主要集中在18~40岁，占样本总量的75.57%，与体育赛事主要观赛群体年龄范围一致（2018年中国世界杯球迷观赛数据解读，2018）。答题者学历以大学本科及以上为主，占样本总量的80.46%。答题者月收入水平集中在3 500~15 000元，占样本总量的59.4%。

3.3.4.2 数据分析

首先，我们对问卷数据进行探索性因子分析（EFA）。因子分析适用性检验的结果显示 KMO = 0.922，卡方近似值为 2 816.168，自由度 = 105，Sig. = 0.000，说明数据适合进行因子分析。然后采用主成分分析法分析得到包括15个题项的3个因子，将3个因子划分为非耦合赛事形象、耦合形象和非耦合目的地形象，各题项归到了预计的变量维度下，方差解释率分别为28.4%、31.9%和32.5%，累计方差解释率达到92.80%。信度检验结果显示，Cronbach's α 分别为0.764、0.842和0.837，均大于0.75，说明信度水平较高。

其次，我们利用验证性因子分析（CFA）对量表效度进行检验（表3-8），CFA 模型 $\chi^2 = 137.607$，$df = 89$，$\rho = 0.750 > 0.05$，$\chi^2/df = 1.546 < 2$，RMR = 0.001 < 0.05，RMSEA = 0.000 < 0.08，GFI = 0.961 > 0.9，NFI = 0.920 > 0.9，模型拟合度较高。其中，非耦合赛事形象的5个题项的因子载荷在0.781~0.838之间，耦合形象四个题项的因子载荷在0.775~0.899之间，非耦合目的地形象6个题项的因子载荷在0.701~0.823之间，均大于0.7，组合信度在0.783~0.841之间，也均大于0.7，表明模型聚合效度较好。三个变量平方差提取

（AVE）的平方根均大于该维度与其他维度的相关系数，说明指标变量能够有效地反映潜在变量，模型区分效度较好。

表 3-8　验证性因子分析

因子与题项	均值	方差	因子载荷	t 值	组合信度	AVE
1. 非耦合赛事形象	5.70	1.477			0.904	0.654
EI1 赛事水平	5.907	1.509	0.785	16.574		
EI2 赛事类型	5.709	1.461	0.781	15.921		
EI3 赛事观赏性	5.821	1.496	0.802	16.666		
EI4 保障体系	5.507	1.492	0.836	18.001		
EI5 比赛场地	5.569	1.396	0.838	—		
2. 耦合形象	5.49	1.482			0.911	0.719
CI1 冰雪资源	5.507	1.546	0.854	15.283		
CI2 滑雪赛道	5.527	1.417	0.899	18.942		
CI3 冬奥小镇	5.523	1.447	0.861	17.660		
CI4 滑雪气氛	5.430	1.521	0.775	—		
3. 非耦合目的地形象	5.40	1.506			0.905	0.614
DI1 自然景点	5.577	1.472	0.800	15.745		
DI2 文化景点	5.282	1.489	0.823	16.909		
DI3 特色食品	5.364	1.475	0.811	16.487		
DI4 居民氛围	5.457	1.575	0.701	13.079		
DI5 风俗民情	5.480	1.455	0.773	15.393		
DI6 交通条件	5.275	1.552	0.789	—		

最后，我们验证模型在不同赛事内聚度群组间因子结构的恒等性。参照 Satorra（2011）的检验方法，通过设定相同因子系数对模型加以限制，结果发现 $\triangle \chi^2 = 5.168$，$\triangle df = 14$，$\rho = 0.764 > 0.05$，卡方值变化不显著，说明该模型在赛事内聚度群组之间具有恒等性。

使用全部样本进行结构方程模型分析，检验路径关系。模型采用极大似然法进行检验，总体结果显示模型拟合度较高。其中，$\chi^2 = 202.426$，$df = 115$，$\rho = 0.670 > 0.05$，$\chi^2/df = 1.760 < 2$，RMR $= 0.000 < 0.05$，RMSEA $= 0.000 < 0.08$，GFI $= 0.971 > 0.9$，NFI $= 0.987 > 0.9$。研究假设如表 3-9 所示，非耦合赛事形象

对于实地观赛意愿产生正向影响（β=0.610，Sig.=0.002），耦合形象同时影响了实地观赛意愿（β=0.698，Sig.=0.000）以及远期出游意愿（β=0.580，Sig.=0.000），非耦合目的地形象对于实地观赛意愿（β=0.658，Sig.=0.001）和远期出游意愿（β=0.723，Sig.=0.002）均产生正向影响。因此，假设H1a、H1b、H1c、H2a、H2b均得到验证。

表 3-9　检验结果

假设	路径	标准化系数	t 值	检验结果
H1a	非耦合赛事形象→实地观赛意愿	0.610**	4.989	支持
H1b	耦合形象→实地观赛意愿	0.698**	5.482	支持
H1c	非耦合目的形象→实地观赛意愿	0.658**	5.239	支持
H2a	非耦合目的地形象→远期出游意愿	0.723**	7.125	支持
H2b	耦合形象→远期出游意愿	0.580*	4.490	支持

注：* 表示 p<0.05，** 表示 p<0.01，下表 3-10 同。

为了检验赛事内聚度的调节作用，本研究通过对多群组分析设定待估参数系数相同，比较限制模型与非限制模型卡方值的变化，从而进行判断。同步模型的整体拟合优度 $\chi^2=517.536$，$df=275$，$\rho=0.246>0.05$，$\chi^2/df=1.881<2$，RMR=0.031<0.05，RMSEA=0.014<0.08，GFI=0.986>0.9，NFI=0.914>0.9，说明模型变量之间拟合效度良好。通过对同步模型的验证，$\triangle\chi^2=17.354$，$\triangle df=8$，$\rho=0.044<0.05$，说明模型存在显著差异。然后检验每条路径关系在不同赛事内聚度群组之间的差异是否显著，分析结果表明，赛事内聚度存在显著的调节作用。如表 3-10 所示，高赛事内聚度时非耦合赛事形象对于实地观赛意愿影响的路径系数（β=0.823，Sig.=0.000）明显高于低赛事内聚度时非耦合赛事形象对于实地观赛意愿的影响的路径系数（β=0.644，Sig.=0.000）。两个相对应路径系数之间存在显著差异，其系数差异临界比值为5.074，大于 1.96（显著性水平为 0.05）。高赛事内聚度时耦合形象对于实地观赛意愿影响的路径系数（β=0.921，Sig.=0.000）也明显高于低赛事内聚度时的路径系数（β=0.789，Sig.=0.000），其系数差异临界比值为 7.190，同样大于 1.96（显著性水平为 0.05）。然而，高赛事内聚度时耦合形象对于远期出游意愿影响的路径系数（β=0.693，Sig.=0.003）低于低赛事内聚度时的路径系数（β=0.812，Sig.=0.001），其系数差异临界比值的绝对值为 4.735，同样大于1.96（显著性水平为 0.05）。因此，假设 H3a、H3b、H4 均得到支持。

表 3-10 内聚度调节效应结果

假设	路径	组别	标准化系数	t 值	系数差异临界比值	检验结果
H3a	非耦合赛事形象→实地观赛意愿	全部样本组	0.623**	5.170		
		高内聚度组	0.823**	8.029	5.074**	支持
		低内聚度组	0.644**	5.303		
H3b	耦合形象→实地观赛意愿	全部样本组	0.762**	6.696		
		高内聚度组	0.921**	9.695	7.190**	支持
		低内聚度组	0.789**	6.232		
H4	耦合形象→远期出游意愿	全部样本组	0.615**	5.545		
		高内聚度组	0.693**	5.968	−4.735**	支持
		低内聚度组	0.812**	7.945		

3.3.5　结论与启示

3.3.5.1　结论

从形象的角度出发，我们采用文本分析及结构方程模型验证的混合研究方法，发现赛事形象和目的地形象之间存在耦合的关系，并分析了不同的形象对于赛事观众的实地观赛意愿和旅游者的远期出游意愿的不同影响作用，最终得到以下研究结论：

（1）赛事举办地的目的地形象与赛事形象之间存在着耦合的关系。赛事形象和目的地形象可以被细分为非耦合赛事形象、耦合形象和非耦合目的地形象三个部分，赛事形象和目的地形象之间存在着重合交叉的部分。以往研究虽然有对于赛事形象和目的地形象的共同研究，但往往是从体育赛事或旅游角度出发，将一方作为另一方的附属而加以分析，很少将二者放置在同一层面上进行解析。本研究不仅将二者放置于同一层面上，而且将二者加以概括和全面分析，提炼出非耦合赛事形象、非耦合目的地形象以及耦合形象三个更为细化和深入的概念，清楚地解析了赛事形象和目的地形象之间相互独立又相互耦合的关系。

（2）非耦合赛事形象、耦合形象和非耦合目的地形象对于实地观赛意愿均具有积极影响作用；耦合形象和非耦合目的地形象对于远期出游意愿具有积极影响作用。通过对假设的验证，本研究发现不同形象对于出游意愿的影响并不完全相同。其中，非耦合赛事形象仅仅对于实地观赛意愿产生正向影响。这是因为非耦合赛事形象只代表了赛事的特征，故只对于希望观看赛事、对于赛事有着忠诚度的体育赛事旅游者产生影响。而耦合形象对于观赛和出游两种意愿均产生正向影响，一方面耦合形象是赛事形象特征的代表，对于想要观赛的体育赛事旅游者有着正向影响作用；另一方面耦合形象象征着目的地的特征化元素，在赛事举办过一段时间后，耦合形象中的目的地形象特征仍然鲜明，此时耦合形象在赛事结束后，对有着远期出游意愿的旅游者也产生正向影响。非耦合目的地形象对于观赛和出游两种意愿也产生正向影响。目的地形象影响着旅游者是否选择到访，形象较佳时，旅游者出游意愿会更加积极，因此，对其产生正向影响；非耦合目的地形象对于体育赛事旅游者而言起到锦上添花的作用，良好的非耦合目的地形象能够在其以观赛为目的出游的基础上，更增添一份出游的动力。

（3）赛事内聚度对于非耦合赛事形象、耦合形象对实地观赛意愿与远期出游意愿的影响路径存在调节作用。赛事内聚度越高，体育赛事旅游者对于比赛越热爱，其对于赛事本身的忠诚度越高，去往实地观看比赛的意愿越强；赛事内聚度越高，耦合形象中代表着赛事形象的部分越容易吸引体育赛事旅游者，耦合形象对于实地观赛意愿的影响越强。与之相反，赛事内聚度越高，赛事观众越忠诚于赛事本身，会追随着赛事去往下一个举办地，而不再选择到访本地。因此，赛事内聚度越高，耦合形象对于赛事结束后再来访的意愿的影响作用反而更弱。

3.3.5.2　启示与建议

（1）赛事举办地应重视耦合形象的影响作用。耦合形象使得赛事举办地与形象定位相似的赛事举办地区分开来，树立赛事举办地自身的综合性形象，提高本地的形象辨识度。与此同时，耦合形象代表着赛事形象与目的地形象的共同特征，象征着赛事和旅游资源的优势结合，既可以在近期吸引赛事观众，又可以对远期旅游者产生吸引力。所以，赛事举办地应有意识地打造本地的耦合形象。

（2）打造耦合形象的具体措施。在筹备赛事的过程中，除了积极地利用自然资源举办需要特殊赛场条件的赛事外，也应有意识地将本地文化符号、城市特色与赛事相结合，留下相关的赛事文化遗产，如体育场馆及有标志性的赛事相关建筑物，以及塑造如"奥运城市""青奥城市"等标志性符号名称。这将有助于旅游目的地在赛事举办后的远期发展中，持续保持体育赛事的影响力，有效地延长体育赛事的积极影响作用。

（3）尽可能在一个办赛周期内充分发挥赛事的作用，在下一个目的地举办赛事之前挤压赛事的全部价值。如冬奥会等巡回性赛事无法固定在某地举办时，赛事举办地可以尽可能地通过举办相似性的赛事来吸引体育赛事旅游者。但需要注意的是，赛事内聚度会对赛事举办地产生综合性的影响，赛事内聚度越高的情况下，体育赛事旅游者的实地观赛意愿越积极，但同时因为观赛是其主要目的，当赛事迁移后，他们不会再选择重游同一目的地，因此，对于远期的出游意愿产生负面的调节作用。总的来说，体育与旅游的耦合共生并不与制造性行业的"低耦合，高内聚"的理想状态完全相同，服务性行业有着属于自身的独特的耦合内聚方式，反而"高耦合，高内聚"的模式相比之下更适宜体育与旅游行业的共生发展。如果能够争取赛事实现固定化，能够在同一目的地固定地举办周期性赛事，对于目的地而言也是理想的选择。

3.3.6　研究不足与进一步展望

本研究对于赛事形象与目的地形象的耦合现象进行了初步的探索，但仍有需要未来进一步研究的地方。首先，本研究只选择了张家口一个目的地案例进行分析，今后需要进一步在其他目的地上进行验证，在赛事的考虑范围上只选择了知名度较高的冬奥会进行分析，今后还可以对不同规格的赛事进行进一步的详细验证；其次，本研究只考虑了体育产业与旅游产业耦合关系中最直观的形象耦合部分，对于其他方面的耦合关系没有加以考虑，未来可以考虑其他方面的耦合关系，以便做出更为全面的分析；最后，本研究聚焦于当前最受人关注的体育行业与旅游行业之间的关系。除了旅游业，是否还有其他行业也存在着类似的耦合内聚情况，仍是需要更进一步探索的。

4 国内同等级别马拉松比赛与城市形象耦合研究

4.1 赛事选取与理论回顾

当前是品牌竞争的时代，品牌决定着城市文化的辐射力与影响力，是城市文化品位的标志，体现着城市文化的特色、风貌与品位。城市品牌建设是提升城市文化辐射力的重中之重，其自身具有的传播力、竞争力和影响力，决定着城市的影响、特质、审美与信誉。而体育赛事在塑造城市品牌、丰富和提升办赛城市形象和品牌内涵方面起着至关重要的作用（张辉、罗建英、孙天星，2020；宋忆玲、刘悦，2018）。由于体育赛事本就具有丰富的赛事文化内涵，在向大众传递其赛事精神和文化的过程中，便形成了自身的赛事形象（宋忆玲、刘悦，2018）。不仅如此，体育赛事还对目的地形象的打造和提升有着深远持久的影响。尤其大型的品牌赛事，已然成为办赛城市的标志性事件，成为城市形象中不可分割的组成部分。而办赛城市优秀的形象也有利于进一步提升赛事形象。怎样推动赛事形象与办赛地形象的相互作用、共同协调发展，进而增强办赛城市品牌的核心竞争力，推动极具办赛城市特色的、"人无我有、人有我优"的耦合形象的打造，是非常具有实际意义的课题。因此，本章首先选取对营造和提升城市品牌、打造和宣传城市形象具有重要意义的马拉松赛事进行分析（张辉、罗建英、孙天星，2020）。我们首先选取了办赛历史长、办赛经验丰富、久负盛名的北京马拉松和厦门马拉松作为案例对象，分别分析北京马拉松和厦门马拉松赛事与举办城市之间的耦合与非耦合形象。然后，对中国马拉松大满贯首届成员，包括北京马拉松、广州马拉松、武汉马拉松和重庆国际马拉松展开横向对比、分析研究。通过对北京、厦门、广州、武汉、重庆这几个与成都定位比较相似的目的地举办的赛事进行分析，辨别各个赛事举办与城市形象耦合的优劣势以及经验，以便为四川省举办类似的赛事提供参考。

4.1.1 马拉松赛事简介

马拉松赛事作为一项集竞技体育、群众体育以及体育产业于一体的综合性赛事（蒋中伟、李国强、姜明金，2020），以其举办和参与的门槛相对而言比较低，赛事组织相对容易，并且社会关注度高等特点，赢得了大量城市的青睐，往往被视为城市的新名片加以重点打造（刘德军、张兆龙，2017）。在国务院于2014年发布了《发展体育产业　促进体育消费》政策文件，提出取消赛事审批制度等政策措施，以期促进体育产业快速发展的背景下，城市马拉松赛事在各大城市不断涌现，掀起了一阵马拉松赛事热潮（张晓琳，2016）。马拉松赛事在举办数量上呈现出井喷式发展态势，在赛事规模上则呈现出爆发式增长态势（蒋中伟、李国强、姜明金，2020）。根据中国田径协会公布的数据，全国于2018年举办的马拉松以及相关的运动赛事数量已经达到1 581场，相较于2011年举办的22场赛事增加了约70倍。另外，马拉松的参赛规模已达583万人次，赛事覆盖了31个省（自治区、直辖市）（潘磊、刘芳枝，2020）。对于一座城市而言，马拉松赛事的举办将拉动当地的经济增长，引入大量投资赞助，对于促进城市的文化发展、改善民生问题以及提高城市知名度和综合实力，营造和宣传城市品牌等具有重要的作用（孙高峰、刘燕，2018；张辉、罗建英、孙天星，2020）。然而，国内的马拉松赛事仍然存在着地区发展不均衡、赛事水平参差不齐等问题，主要体现为马拉松赛事的热点区域集中于经济和社会发展水平更高的东部和中部地区，西部地区（如陕西、宁夏、四川、云南、贵州等省区）因经济和社会发展较为落后，其马拉松赛事发展水平也相对较低（蒋中伟、李国强、姜明金，2020）。但近两年来，西部地区的马拉松赛事的发展势头迅猛，赛事水平和质量得到了很大提升，马拉松赛事也呈现出"东马西扩"的发展趋势（蒋中伟、李国强、姜明金，2020）。目前，四川省的马拉松赛事正步入快速发展和提升的新阶段，赛事与城市的耦合程度也得以进一步提高。

基于此，本研究以马拉松赛事形象与办赛地形象为研究对象，并结合耦合理论，解析赛事形象与办赛城市形象的耦合关系，以期进一步推动马拉松赛事与赛事举办地的共同作用、协同发展。在综合考虑是否成功打造了马拉松赛事品牌形象、塑造和提升了城市品牌形象后，本研究选择以北京马拉松赛事、厦门马拉松赛事为案例对象，并对多个马拉松赛事（北京马拉松、广州马拉松、武汉马拉松、重庆国际马拉松）进行了横向对比研究。通过对举办过优秀的马拉松赛事，打造了赛事耦合形象与非耦合形象的城市进行分析，从中汲取宝贵的经验和教训，以期在四川省打造赛事与城市的耦合形象及非耦合形象的过程之中，推动四川省马拉松赛事耦合形象、非耦合形象的提升。

4.1.2 文献回顾和理论评述

4.1.2.1 马拉松赛事相关研究

马拉松以群众参与性强、与文化和旅游等产业广泛结合的特征，切合了国发〔2014〕46 号文件全民健身的国家战略与产业融合的发展导向，因此受到了广泛关注。现今，从需求侧来看，路跑群众基础广泛，潜在参与人数庞大，需求旺盛，北京马拉松等高品质赛事已经处于"一号难求"的状态。相应地，供给侧在"量"上也同样显现出强劲的增长态势，2015 年国内共有 79 个城市举办了 134 场马拉松赛事，较 2014 年增长 160%（阮伟、钟秉枢，2015），并将覆盖国内更多的城市。早期马拉松赛事研究主要聚焦于马拉松赛事的参赛者，研究者聚焦于参赛者的参赛动机、个人特征、在办赛地的旅游和消费行为及其对马拉松赛事的满意度和办赛地重游意愿等（Koo 等，2014；Kruger 等，2012；Masters、Ogles，1995；Rauter、Doupona，2014；Summers 等，1983）。随着马拉松赛事国际化水平的提高，外地参赛者和观赛者逐渐增加，马拉松赛事作为办赛地的一个特殊事件，对办赛地产生了各方面的影响，对马拉松赛事的研究逐渐转向马拉松赛事对办赛地的影响上来。相关研究显示，办赛地通过举办马拉松赛事，有助于促进办赛地的经济和旅游发展，提升和传播办赛地的品牌形象等（阮威，2018；刘东峰，2008；胡建忠、邱海洪、邓水坚，2018）。马拉松赛事的数量越来越多，马拉松赛事之间的竞争也变得越来越激烈，研究的重点进一步转向对马拉松赛事设计、赛事营销和管理等方面（Schumann，2013；和立新、张和，2014），已有研究一致强调理念清晰、特征鲜明的马拉松赛事品牌形象能够有效吸引异地参赛者前往办赛地参赛，因此树立马拉松赛事品牌形象成为赛事营销的重要工作（刘辛丹、吕兴洋、李惠璠，2016）。

4.1.2.2 马拉松赛事品牌形象研究

马拉松赛事品牌形象是参赛者和赛事观众对赛事基本属性、赛事价值和赛事宗旨等各类知觉要素符号的心理联系和思想活动，是赛事公众对马拉松赛事的总体感知（Gwinner 等，2009）。参赛者基于其对马拉松赛事品牌形象的感知做出是否参赛的决策，可见独特鲜明的马拉松赛事品牌形象有助于提高赛事吸引力和竞争力。现有关于马拉松赛事品牌形象的研究主要基于两个视角：一是基于参赛者视角研究马拉松赛事品牌感知形象，如国外学者 Hallmann 等对马拉松赛事感知形象的研究（Hallmann 等，2009）；国内学者逐渐转向使用网络跑记数据研究参赛者的马拉松赛事感知形象，如刘辛丹等对北京国际马拉松赛事品牌感知形象的研究和焦建玲等对中国城市马拉松赛事品牌感知形象的研究（刘辛丹、吕兴洋、李惠璠，2016；焦建玲、柴王军，2018）。二是基于赛事主办方设计和策划赛事品牌形象，研究显示赛事景观设计、赛事形象识别系统设计或满足参赛者的诉求等手段有助于提高马拉松赛事品牌形象（Gwinner等，2009；苏小峰、刘萍萍，2014）。可见赛事主办方往往从马拉松运动本身着手提高赛事品牌形象，最美赛道、最佳补给、最人性化服务等成为重要诉求，缺少提高马拉松赛事品牌形象独特性的有效途径。马拉松赛事作为众多办赛地的同类型赛事，运动本身具有较大的相似性，而办赛地作为马拉松赛事的发生地具有独属于某一马拉松赛事的独特属性，在各办赛地对马拉松赛事宣传趋于相似的背景下，参赛者往往依据其对办赛地的形象感知做出是否前往某办赛地参赛的决策，这为赛事主办方依托办赛地特色提升马拉松赛事品牌形象的独特性提供了思路。

4.1.2.3 马拉松赛事品牌形象和办赛地品牌形象

以往对体育赛事品牌形象和办赛地品牌形象之间关系的研究较多地关注了体育赛事对办赛地品牌形象的正向影响，即办赛城市通过举办体育赛事提升和传播其城市形象（或其他形象）、建设城市品牌（或其他品牌）等（赵红娟、姜健、杨涛，2016；Ritchie、Smith，1991）。Hallmann 等的研究认为马拉松赛事举办地形象和赛事形象的一致性有助于提高赛事旅游者的办赛地重游意愿（Hallmann、Breuer，2010）；Kotze 等研究显示，缺乏必要资产举办世界杯和奥运会的国家和地区，通过举办规模较小的马拉松赛事，同样有助于促进办赛地的形象再造（Kotze，2006）；亦有研究认为相比于大规模体育赛事，类似马拉松的重复性体育赛事更有助于提升参赛者对办赛地的形象感知，增强办赛地的旅游竞争力（Kaplanidou 等，2012）；还有研究跳出了办赛地形象影响研究的桎梏，关注了体育赛事对赛事赞助商品牌形象感知的影响（Lai、Li，2014）。

也有研究认为体育赛事品牌形象和办赛地形象之间是密切相关的关系，二者之间的影响作用是双向的（Gwinner 等，2009；Deng、Li，2014；Kaplanidou、Vogt，2007）。研究者定性分析了办赛地形象对体育赛事品牌形象的反向影响，然而对业余骑行运动者的实证检验却显示，骑行运动者对骑行赛事的形象感知正向影响其对办赛地的形象感知；相反，骑行运动者的办赛地形象感知并不影响其对骑行赛事的形象感知（Kaplanidou、Vogt，2007），实证检验结果未能支持办赛地形象对赛事品牌形象的影响结论，然而却为本研究提供了思路启发，即探讨办赛地形象对赛事品牌形象的影响及机理。从理论上说，办赛地作为马拉松赛事的发生地，相比于其体育运动属性，地方特色具有更明显的独特性和不可复制性（刘超、姜同仁、秦立凯，2018；李小龙、李杰凯，2017），因此办赛地的特色应有助于提升体育赛事品牌形象的独特性和吸引力。通过对相关研究的梳理和总结，可以发现多数学者均是从赛事品牌形象对赛事举办地品牌形象的影响，或是办赛地对赛事品牌形象的影响这一单一视角展开研究的，较少将赛事品牌形象、办赛地品牌形象视为同等重要的因素，进而探析两者间的相互影响、协同作用关系。基于此，本研究期望借助耦合共生理论，对马拉松赛事品牌形象与办赛城市品牌形象的深层结合机制与协同发展策略进行探讨，以此促进马拉松赛事供给侧结构性改革，并为赛事主办方和城市管理者促进马拉松赛事与办赛城市的深度融合、协同发展与互相促进提供决策依据。

4.1.2.4 耦合共生理论及相关研究

耦合（Couple）指两个或两个以上系统通过多种形式的相互作用而彼此影响的现象，它体现了各系统间的动态关联关系。共生（Symbiosis）的概念来自生物领域，原是指两种不同生物之间所形成的紧密互利关系。在将其引入产业关系分析领域后，耦合共生被用于解释不同产业间的结合机制与协同发展过程（徐维祥、刘程军，2015），搭建起多个产业间关系的理论分析框架。更进一步地，耦合协调度指标的建立则定量测度了不同产业间结合的紧密程度与协调性，成为衡量产业间关系的有效工具，通过时间序列分析可以清晰地展现耦合过程与演进趋势（侯兵、周晓倩，2015）。

目前，已有部分学者将耦合理论运用于体育赛事与城市发展的相关研究之中。研究表明，赛事与城市的发展之间具有显著的耦合共生特征，主要表现为：一方面，城市的发展能够为体育赛事的举办、体育活动的开展提供更好的基础设施和保障条件（S Kaiser，2013）；另一方面，体育产业是具有较强带动性的综合新兴产业，体育赛事关联度大、外部性强，可以对举办城市多个方面的发展产生显著的推动作用（钟天朗 等，2009；袁野、董新风、张明，2015）。具体来说，体育赛事能够在物质文化上有效地推动城市基础设施的建设（H Preuss，2015），带动经济、文化、旅游等相关产业的发展（Coleman，2010；W Kim，2015）；而在精神文化上，则起到了提升城市形象、促进文化交流、增强城市凝聚力等作用（武胜奇，2013；王海明 等，2015）。对于马拉松比赛而言，其独特的赛道形式充分地结合了城市景观，有效地展示了城市风貌，传播了城市形象，从而成为重要的城市文化名片（K Hallmann，2010）。故马拉松与城市间关系研究先是较为侧重于城市宣传功能和城市软实力提升效用

（苗治文，2008；汤立许，2010），随后逐渐拓展到其他方面的结合关系上。总体来看，现有研究已经对马拉松与城市间关系进行了大量的探讨，积累了丰富的研究成果，但是依然存在着以下问题需要继续探索：马拉松赛事形象与办赛城市品牌形象的耦合关系尚未得到深入探究，即两者间的耦合关系未被充分认识、互利共生效应未被有效发挥，致使赛事形象与办赛地形象仍处在浅层次的耦合阶段，乃至出现形象分离的严重问题。为此，本研究将进一步解析马拉松赛事形象与办赛城市形象耦合关系与作用机制。

4.2 北京马拉松赛事

4.2.1 案例简介

北京马拉松赛事（简称"北马"）是我国最早的马拉松赛事，也是中国境内第一个经国际田径联合会（IAAF）认证、国际马拉松及公路跑协会备案的国际田联金标赛事，并且其市场化程度与影响力均处于国内领先位置。北马自1981年开始举办，现已成为由中国田径协会主办，在国内市场化程度最高、规模最大、最具代表性的单项赛事。北马一直位居国内最具影响力马拉松赛事的榜首，在国内马拉松参赛者中享有巨大的声誉，成为马拉松爱跑者的梦想之地，每年的报名都呈现出"一号难求"的状态。可以说，北京马拉松在品牌建设上已经取得了非常大的成功，对国内的马拉松爱跑者、新闻媒体、赞助商具有非常大的吸引力。选取北马作为案例赛事的原因在于，一方面是其在赛事品牌形象建设上的领先性，对北马赛事形象的分析将能够为国内其他马拉松赛事形象的塑造提供参考和可资借鉴的经验；另一方面因为其参赛者众多，便于获取跑记数据。

4.2.2 数据来源

本研究采用 Web Spider 软件，对跑吧论坛、百度贴吧、知乎论坛、新浪微博和腾讯微博等互联网平台中 2015 年北马相关跑记进行了抓取。为确保跑记表达足够充分，笔者对获取到的所有跑记再进行一次人工筛选，要求其中与北马比赛相关的内容不少于 500 字。最终，保留下 60 篇跑记，合计约 8.7 万字。图 4-1 为 2015 年北京马拉松赛事概况介绍。

赛事概况

- ◆ **赛事名称：2015北京现代·北京马拉松**
- ◆ **赛事时间：2015年9月20日07:30am**
- ◆ **赛事级别：国际田联金标赛事**
- ◆ **赛事地点：起点——天安门广场**

  终点——奥林匹克中心区庆典广场
- ◆ **比赛项目：全程马拉松（42.195千米）**
- ◆ **赛事规模：30 000人**

图 4-1 2015 年北京马拉松赛事概况

图片来源：中国田径协会. 2015 北京现代·北京马拉松赛事总结报告

［R］. 北京：北京市体育竞赛管理中心，2015：1-88.

4.2.3 基于跑记的文本分析

我们认为在跑记中，一个词语重复的频次越高表示参赛者对赛事的这种印象越为普遍和强烈，该词语也就越能够代表赛事的形象。基于这一分析思路，本研究利用词频分析软件 ROST CM 6.0 对获取到的跑记进行分析。首先，设定分词规则，确保分词的准确性，避免"六福珠宝""奥林匹克公园""阿迪达斯"等专有名词在统计时被拆分或漏掉。其次，进行分词和词频统计，统计结果只输出词频大于等于 3 的词，因为如果一个关键词在 60 篇跑记中出现的频率小于 2 次（p<0.02），可以认为是极其偶然的，并不能代表参赛者对赛事的普遍印象。再次，人为剔除与赛事形象无关的词语，比如"早晨""疲劳"等词语，并对同义专有名词和近义词进行合并统计，比如"北京马拉松"与"北马"、"厕所"与"卫生间"、"快乐"与"愉快"等，最终获得北马赛事形象相关词 145 个，具体如表 4-1 所示。最后，我们将词频分析获得的 145个关键词中反映同一方面形象的词进行汇聚，进一步聚合成 15 个维度，对应感知形象结构，有 13 个维度属于认知形象，1 个维度属于情感形象，1 个维度属于总体形象（具体见表 4-1）。本研究在北马赛事形象具体分析中，一方面基于词频分析结果的量化数据，解析形象的组织要素及要素强度；另一方面，以关键词为标记物，在原始跑记中进行搜索和定位，通过对关键词所处上下文的阅读，以文本分析方法，对赛事形象进行深度解读。

表 4-1　2015 年北京马拉松跑记分析结果　　　单位：次

维度	关键词	词频	维度	关键词	词频	维度	关键词	词频	维度	关键词	词频
赛事专业性383次(21.9%)	全马	34	赛事服务293次(16.8%)	厕所	33	举办城市评价214次(12.2%)	天安门广场	35	报名66次(3.8%)	报名	20
	兔子	72		志愿者	25		长安街	22		幸运	20
	运动员	21		医护	7		前门	16		抽签	17
	精英	14		医疗	6		奥体中心	13		名额	9
	高手	12		治疗点	4		奥林匹克公园	11	赞助64次(3.7%)	奖牌	24
	水平	8		抢救	5		鸟巢	10		纪念品	9
	冠军	3		急救	4		景观	10		金的	8
	协会团体	26		猝死	3		风景	8		六福珠宝	6
	俱乐部	8		喷雾剂	3		建筑	5		赞助商	5
	赛道	59		补给	56		沿途风光	4		含金量高	4
	线路	19		香蕉	21		正阳门	3		西贝	4
	路面	16		能量胶	29		水立方	3		现代	2
	分区起跑	19		取水	17		西单	2		阿迪达斯	2
	区域	18		饮料	10		大栅栏	2	公益性18次(1.0%)	轮椅选手	6
	计时牌	16		食物	7		城楼	2		盲人	5
	计时毯	13		喷药	4		复兴门	2		公益	4
	净时间	7		冰棍	3		旅游	2		智障者	3
	芯片	7		食盐	2		火车	11	媒体10次(0.6%)	直播	6
	严格	7		存包(处)	18		大巴	7		媒体	2
	报时器	4		比赛服	16		高铁	2		新闻	2
人场与起跑点154次(8.8%)	起点/起跑	73		荧光短袖	3		飞机	4	情感形象119次(6.8%)	快乐	41
	安检	29		服务	11		酒店住宿	21		兴奋	25
	排队	27		收容	11		公交地铁	14		享受	21
	通道/入口	14	参赛人员106次(6.1%)	省市地名	57		吃饭	5		满意	11
	检录	6		造型各异	19	天气情况77次(4.4%)	气温	32		精彩	8
	狭窄	3		各地	9		天气	11		喜悦	5
	混乱	2		外国人	5		太阳	18		震撼	4
	唱国歌	21		年长者	8		空气质量	8		印象深刻	4
	万人	16		年轻人	3		蓝天白云	5	赛事总体评价68次(3.9%)	安全	25
	人多	13		女士	3		季节	3		首都	20
比赛现场99次(5.7%)	拥挤	18		学生	2	观众64次(3.7%)	观众	27		高大上	10
	人山人海	11	明星12次(0.7%)	刘虹	4		热情	17		大赛	4
	隆重盛大	5		明星	2		市民	6		顶级	3
	盛会	5		孙楠	2		微笑	4		组织严密	2
	震撼	4		偶像	2		呐喊	6		名气大	2
	雄壮	3		格布雷·西拉西耶	2		助威	4		环境良好	2
	壮观	3							总计		1 747

4.2.4　赛事与城市的耦合形象

将"组委会安排了共 50 名兔子领跑""北京马拉松是国内首个全马赛事"合并且归纳为赛事的专业性。通过进一步的整理，提炼出赛事形象和目的地形象两个维度的条目。在此基础上，通过对两者进行比对，我们发现二者可以被清晰地划分为两个互相独立和重叠的部分，将只与北马赛事本身相关的描述归纳为非耦合赛事形象维度，将既提及赛事又提及目的地的描述归纳为耦合形象，将对目的地本身的描述归纳为非耦合目的地形象。具体来看，非耦合赛事形象在正向方面主要包括北京马拉松体现了赛事的专业性、提供了较高满意度的赛事服务、参赛人员构成的多样性、明星加盟为赛事形象增光添彩、比赛现场热烈、观众热情、气候适宜、公益形象受到关注八个方面，同时在负向方面表现为北京马拉松报名困难、入场与起跑秩序不令人满意、赞助商形象植入不明显以及媒体影响力未能在形象中有效反映四个方面。非耦合目的地形象主要体现为对举办城市北京的正面评价，具体包括北京有非常好的可进入性、具有国际一流的城市接待能力和鲜明独特的城市景观。而耦合形象包含了对赛道形式的设置充分结合了城市景观、齐唱国歌与天安门营造氛围的完美契合、适宜气候带来的特殊比赛体验，以及地标性建筑与城市形象结合融洽四个方面的描述，既涵盖了北京马拉松赛事本身，又体现了北京独特的城市魅力。

4.2.5 赛事与城市的非耦合形象

4.2.5.1 认知形象

认知形象是参赛者对赛事的认识。按维度的重要性排序及维度间的相关性，本研究对 13 个认知形象维度逐一进行分析。

（1）赛事专业。词频分析中，出现次数最多的关键词指向北马比赛的专业性，北马已经成功地塑造出国内高水平马拉松赛事的形象。从表 4-1 中可见，赛事专业性维度相关词语共 20 个，占到总词频的 21.9%。其内部又可分为：①参赛人员专业性。"兔子"（领跑员、配速员的昵称，英文 pacer）是马拉松赛事中由官方或赞助商提供的，按照固定配速跑步的选手。设置"兔子"获得了参赛者的普遍赞许，同时高水平运动员、"精英"和跑步协会、团体、俱乐部的加入，以及根据参赛者水平设置的分区起跑形式，如单独分开的"亲子跑""慈善跑"等分区，使北马在参赛者心中树立了专业化程度高、办赛水平高的赛事形象。②赛道专业性。北马的赛道质量、路面平整度及路线规划合理，尤其是 2015 年比赛路线进一步优化，总体平坦，没有大的上坡，得到了参赛者的肯定。③比赛项目专业性。"全马"一词的提及频率多达 34 次。这是由于 2015 年北马取消了半程马拉松项目，只设置 42.195 千米的全程马拉松项目，标志着 2015 北马成为国内首个"全马"赛事，且男女选手的平均完赛率高达 88.2%，较 2014 年非"全马"赛事 87% 的平均完赛率有所提高。回看跑记中的相关内容可以发现，这一举措在参赛者心中塑造了北马高专业性和强竞技性的赛事形象。变身"全马"的 2015 北马，在赛事竞技水平、赛事品牌形象和赛事组织专业水平上的提高可谓多赢。④技术专业性。这最直接地体现在计时的准确性上，有 5 个关键词直接与计时有关，而"严格"这一关键词也是指终点对选手的成绩统计十分严格。自 2013 年起，北马采用了计时芯片，使选手比赛成绩更为精准。"净计时"的出现与新的科技设备的率先运用有效地树立起北马比赛技术专业的形象（见图 4-2）。

图 4-2　2015 年北京马拉松比赛情况

图片来源：中国田径协会. 2015 北京现代·北京马拉松赛事总结报告
〔R〕. 北京：北京市体育竞赛管理中心，2015：1-88.

（2）赛事服务总体满意。排在第二位的是对赛事服务水平的印象，23 个关键词占到总词频的 16.8%。得益于主办方的精心筹备，参赛者对比赛沿途补给品提供及医疗服务表示满意，认为北马是国内难得的高服务质量赛事。在 2015 年北马比赛中，有 2 名选手中途身体出现紧急状况昏倒时，现场医疗救护人员紧急施救的景象及抢救过程，被多篇跑记多次提及。体育运动本身有一定的风险性，尤其是马拉松比赛，医疗保障是否可靠将直接影响品牌形象。志愿者服务备受赞赏，成为品牌形象中的一个亮点。需要注意的是，厕所不足、如厕困难的问题依然存在，还有赛前存包时间过短，导致部分参赛者无法存包等问题影响了赛事形象。

（3）举办城市优秀。对举办城市的评价占到第三位，约为 12.2%，具体包括三方面的评价：①城市可进入性。北京作为首都和全国的交通枢纽，具有非常好的可进入性，外地参赛者可以方便地乘坐飞机、火车（含高铁）、大巴等多种形式的交通工具前来参赛，这是其赛事能够覆盖全国的潜在条件。2015 年北京以外地区的参赛人数（包括外籍选手）达到 16 149 人，超过半数。②城市接待能力。大型赛事的举办引致大量的参赛者与体育旅游者涌入，因为有承办奥运会的基础，北京具有国际一流的接待能力，跑记中参赛者在住宿、餐饮、市内交通等方面均比较满意。③城市景观。马拉松独特的赛道形式充分结合了城市景观，有效地展示了城市风貌、传播了城市形象。比赛途经的北京地标性建筑给参赛者留下了深刻的印象，使赛事品牌形象中融入了非常鲜明的地域文化特征，成为北马区别于其他马拉松赛事的独特形象特征。

（4）参赛人员构成的多样性。该项占总词频的 6.1%。具体来说，从地域、年龄结构、性别等角度反映出北马具有非常广泛的参与者，覆盖面广。但需要注意的是，"外国人"一词的提及频率不高，仅为 5 次。官方数据显示，2015 年北马外籍选手总数为 430 人（北京马拉松组委会，2015），约占总参赛人数的 1.4%，两者基本一致（见图 4-3）。

图 4-3　2015 年北京马拉松参赛情况

图片来源：中国田径协会. 2015 北京现代·北京马拉松赛事总结

报告〔R〕. 北京：北京市体育竞赛管理中心，2015：1-88.

（5）明星加盟为赛事形象增光添彩。竞走世界纪录保持者、2015 年北京田径世锦赛中国唯一一枚金牌获得者刘虹，世界著名中长跑选手格布雷·西拉西耶以及歌手孙楠的出现都为参赛者所津津乐道，占到总词频的 0.7%，起到为赛事形象锦上添花的作用。

（6）比赛现场气氛热烈。反映赛事现场氛围的词语，占到总词频的 5.7%。3 万参赛者共聚一堂的景象，具有很强的视觉冲击力，为参赛者留下了"壮观""震撼"的感受。北马已经成为马拉松跑者一年一度的盛会。需要特别指出的是，北马比赛开始前齐唱国歌带来了特殊的仪式感，尤其是在位于祖国心脏部位的天安门广场，这一 3 万人的共同行为具有非常积极的心理影响，进一步加强了北马在跑者心中的神圣性和荣耀性。这是北马相对于其他马拉松比赛品牌形象中难以复制的优势（见图4-4）。

图4-4　2015年北京马拉松比赛情况
图片来源：中国田径协会. 2015北京现代·北京马拉松赛事总结报告
［R］. 北京：北京市体育竞赛管理中心，2015：1-88.

（7）观众热情。对于一项比赛而言，现场观众的素质同样非常重要。分析结果中与观众相关词语占3.7%，"热情"是参赛者对当地观众最主要的印象，体现了北京作为办赛城市的良好氛围与群众基础。

（8）气候适宜。天气及气候情况也被参赛者看重。气温因素被提及最多，达到了32次。2015年北马比赛当天（2015年9月20日）的天气情况为多云转晴，17℃~28℃，白天南风3~4级，相比于2014年（2014年10月19日）比赛时的严重雾霾（霾，10℃~21℃，无持续风向≤3级），更适宜比赛。由于严重的雾霾天气，2014年北马受到了许多批评与质疑。本研究随机抽取的50篇2014年北马跑记中，对此表达不满的参赛者比例高达86%——北马的赛事形象因为雾霾受到了严重的损害。2015年赛事组织方为避开雾霾天气，将持续了34年的比赛时间由传统的10月底提前到了9月底。反映在关键词列表中，可以看到"空气质量""蓝天白云"等词语的出现，且在跑记中提及这些词语时都是肯定的意见，说明更改赛期的举措是十分成功的，有效修复了北马的品牌形象。

（9）报名困难。2014年起北马开始采取抽签方式分配参赛名额，2015年共有63 118人报名，创造了国内全程马拉松报名人数的新纪录，却只有3万个参赛名额，"一号难求"的状况更加突出。跑记中，多数参赛者因此感到自己是"幸运的"，并认为这种名额紧张的情况从侧面说明了北马比赛在国内马拉松赛事中的领先地位，参赛名额的稀缺性也大大提高了北马在全国马拉松比赛中独一无二的赛事地位。

（10）入场与起跑秩序不令人满意。由于参赛者数量众多，入场通道狭窄、入口过少、安检耗时过长、起步时拥挤等问题导致参赛者不满意。此部分是赛事形象中不满意因素的主要集中点，占到总词频的8.8%，列总词频量的第四位。

（11）赞助商形象植入不明显。赞助商与赞助品共被提及64次，占3.7%。赞助商品牌名称仅六福珠宝出现6次、西贝2次、现代2次、阿迪达斯2次，其他赞助商未被提及。为纪念北马35周年，每位完赛跑者可获得六福珠宝特别推出的镶足金奖牌一枚。这是北马历史上第一枚镶有真金的奖牌，获得了参赛者的普遍赞誉。足金的奖牌也与北马国内顶级赛事的定位相得益彰，六福珠宝因此获得了最多的关注（见图4-5、图4-6）。

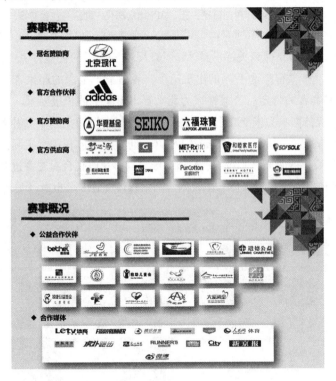

图4-5　2015年北京马拉松赞助商及合作情况

图片来源：中国田径协会. 2015北京现代·北京马拉松赛事

总结报告［R］. 北京：北京市体育竞赛管理中心，2015：1-88.

图4-6　2015年北京马拉松奖牌

图片来源：中国田径协会. 2015北京现代·北京马拉松赛事

总结报告〔R〕. 北京：北京市体育竞赛管理中心，2015：1-88.

（12）公益形象受到关注。约1%词频反映了赛事的公益性，"轮椅选手""盲人选手"和"智障选手"的出现给参赛者留下了很深的印象，比赛的公益行为得到参赛者的肯定。公益性成为北马赛事形象中的积极要素。

（13）媒体影响力未能在形象中得到有效反映。跑记是基于参赛者角度的记录，对媒体情况并没有太多的记录，仅0.6%词频与媒体相关。实际上，北马获得了多渠道媒体的曝光，不仅CCTV体育频道与多家电视台对赛事进行了现场直播，《人民日报》等平面媒体、乐视网等网络媒体都有专题报道（见图4-7）。

图4-7　2015年北京马拉松媒体报道情况

图片来源：中国田径协会. 2015北京现代·北京马拉松赛事

总结报告〔R〕. 北京：北京市体育竞赛管理中心，2015：1-88.

4.2.5.2　情感形象

情感形象是参赛者与赛事间的情感联系。从内容上看，情感形象维度下"愉悦"占首要地位，参赛者普遍在跑记中表达了自己"兴奋"的心情，对北马总体是"满意的""享受的"，其他关键词也都为正面情感，说明参赛者与北马已经建立起了积极的情感联系。品牌形象中的情感纽带作用得到体现。但需注意的是，相对于认知形象，北马的情感形象依然比较薄弱，从词频比重上看，情感形象的比重较低，只占到总词频的 6.8%，不到认知形象的 1/10，未来还有很大的提升空间。

4.2.5.3　总体形象

总体形象是参赛者对赛事的总体评价。2015 年北马迎来了 35 周年，赛事品质不断提高，参赛体验不断升级。从表 4-1 中可以看出，参赛者会使用"高大上""顶级""大赛"等词语评价北马，证明北马成功地在参赛者心中树立起了"中国最具影响力马拉松赛事"的形象。马拉松本身是一项极富挑战性的运动，运动风险较高，对于非运动员参赛者而言，安全完赛是非常重要的。跑记中对"安全"的反复提及，表现了参赛者对北马赛事组织的放心，对赛事筹备专业性和服务周到的整体肯定。北马组委会成功实现了"北马从'心'出发"的办赛主旨。

4.2.6　小结

（1）有效地获取赛事形象。本研究利用网络跑记与词频分析的方法，不仅获取到了北马赛事品牌形象，还能获知形象构成要素重要性的量化数据，打破了传统赛事品牌调研中以问卷、访谈为主的研究方式的局限。本研究为赛事品牌形象研究提供了新的数据来源与新的数据分析方法，未来对于赛事品牌形象的调研和监测可以在传统的问卷调研之外引入网络数据分析。

（2）网络跑记分析法具有非常好的开放性和动态性，是监控赛事品牌形象的有效手段。得益于跑记数据的开放性，基于网络跑记的赛事形象非常全面细致，不但能够识别正面形象，而且可以发现负面形象因素，这有利于赛事组织方了解赛事品牌的优势与劣势，更有针对性地制定营销策略。此外，数据分析结果中对天气因素与雾霾问题的描述证明基于网络跑记的赛事形象分析法拥有非常好的动态性，能够敏锐地捕捉到赛事形象的细微变化。网络跑记分析法的敏感性、客观性和动态性，一方面可使赛事组委会及时发现办赛过程中的问题和不足，不断完善赛事品质和参赛体验；另一方面通过对历年马拉松的赛事品牌形象进行客观记录，获得基于时间跨度的纵向动态赛事品牌形象。客观监控赛事品牌形象近年的发展与转变，能够为赛事主办单位和承办单位、赛事赞助商等利益相关者提供有效的赛事品牌形象监控方法。

（3）主办城市对赛事品牌形象影响显著。以往赛事与城市关系研究多只关注赛事对主办城市形象的影响，本研究从另一个角度分析了主办城市对赛事形象的影响。从分析结果中可以看到，北京的城市文化符号都有效地反映在北马的赛事品牌形象之中，进而使赛事形象具备了难以复制的独特内涵。未来，商业性和群众性体育赛事的市场逐渐开放，同类赛事间的竞争必然加剧，主办方应当依托主办城市的特点打造赛事形象，提升赛事竞争力。

4.3 厦门马拉松赛事

4.3.1 案例赛事简介

厦门马拉松自 2003 年创办以来，短时间内就成为中国著名赛事品牌，以"国际田联路跑金标赛事"称号享誉世界。厦门国际马拉松以其得天独厚的地理气候优势、细致入微的赛事服务、热烈喜庆的参赛氛围以及经过千锤百炼打造出的体现中华历史文化名街和独特闽南骑楼文化的赛道，与北京国际马拉松赛形成"一南一北、春秋交替"之势。作为 2018 年的第一场金牌马拉松赛，厦门马拉松以其良好口碑得到了跑友们的一致赞扬，展现了百年老街的文化底蕴和丰富的赛事内涵。在 42 个国家和地区的三万余名跑者见证下，2018 年厦门国际马拉松于 1 月 7 日在雨中鸣枪起跑，这也是中国第一个分枪起跑的比赛。已走过 16 载的厦门马拉松一直深受广大跑友的喜爱，不仅因为它风景如画的跑道，更是这座城市的温情使厦马被贴上了最具影响力赛事的标签。本研究选取厦门马拉松赛事作为案例，分析其耦合与非耦合形象是因为厦门国际马拉松赛事与厦门的旅游产业实现了较好的融合发展，马拉松赛事成功提升了厦门城市形象，促进了城市形象宣传。厦门在马拉松赛事形象和城市形象的打造和提升上积累了丰富的经验，值得借鉴和学习。

4.3.2 耦合形象

我们将"比赛当天为跑友贴心地准备了雨衣""厦门马拉松领取存包的流程值得称赞"合并且归纳为高效的赛事组织决策，通过进一步的整理，提炼出赛事形象和目的地形象两个维度的条目。在此基础上，通过对二者进行比对，我们发现二者可以被清晰地划分为两个互相独立和重叠的部分，将只与厦门马拉松赛事本身相关的描述归纳为非耦合赛事形象维度,将既提及赛事又提及目的地的描述归纳为耦合形象,将对目的地本身的描述归纳为非耦合目的地形象(如表4-2所示)。具体来看,耦合形象包含了比赛路线与经典景观相结合、优美的赛道环境,具有当地特色的中途补给,与城市相结合的比赛口号及更具城市特色的赛事名称,气候环境带来的特殊比赛体验,以及标志物和城市形象结合融洽,旅游景点和马拉松赛事相结合的共同体验七个方面的描述,既涵盖了厦门马拉松赛事本身,又体现了厦门的城市资源情况。

表4-2 厦门马拉松耦合及非耦合形象构成

主范畴(变量)	对应范畴(因子)	范畴内涵(问项)
耦合形象	比赛路线与经典景观相结合	比赛线路经过曾厝垵、厦门大学、世贸双子塔、演武大桥、马拉松雕塑群等传统与现代的景点,有原生态渔村,有海鸥自由飞翔的美景,有海有桥,有商业街区,将商业、城市生活、马拉松精神有机结合起来,打造了浓浓的比赛氛围
	优美的赛道环境	拥有"世界最美赛道"的厦马,2017年"金砖会议"期间,厦门的景观环境进一步改造升级,增添新的靓丽色彩的最美环岛赛道
	具有当地特色的中途补给	补给中有面线糊和姜茶等厦门当地特色食物
	与城市相结合的比赛口号及更具城市特色的赛事名称	口号:"跑步爱上一座城","厦门国际马拉松"更名为"厦门马拉松",凸显了城市的地位,同时与国际六大满贯的名称接轨
	气候环境带来的特殊比赛体验	下雨其实增加了这次马拉松的体验感,整个城市都和你一起疯狂,志愿者、路人都撑伞加油
	标志物和城市形象结合融洽	奖牌以永不止步的跑者为设计理念,将厦马最新的logo化身为一名跑者,中心圆盘可360度自由旋转,与四周的城市景观融为一体,这些景观是厦马赛道沿途经过以及厦门标志性建筑,仿佛跑者在永无止境的赛道中奋力奔跑,也象征着厦门这座城市蓬勃发展的盎然生机
	旅游景点和马拉松赛事相结合的共同体验	滨海旅游浪漫线项目建成了滨海沿线的高级别马拉松赛道,并以体育运动为核心概念,筹划建设沿线多个运动主题公园

表4-2(续)

主范畴（变量）	对应范畴（因子）	范畴内涵（问项）
非耦合赛事形象	专业的世界级赛事规程	2018年厦门马拉松在全国首创同一项目采用三枪发令的分枪起跑方式，最大限度地减少开跑时赛道的拥堵现象。
	暖心、高效的赛事组织决策，应对雨天办赛挑战	沿用"跑者服务跑者"体系，坚持"关门不关服务"，并根据比赛期间降雨的天气预报，组委会快速反应，及时调整赛后领取存衣包的流程，贴心的应对措施让跑者纷纷点赞
	立体、全方位的赛事救援保障体系	采用医疗直升机服务，派出配备医用除颤仪的救护车，组织医师跑者、急救跑者、医疗志愿者等，立体、全面地保障跑者安全
	专业的比赛设施	2018年道路升级优化，打造厦门首条滨海马拉松专用全程赛道
非耦合目的地形象	美丽的风景/自然景点	安逸、恬适、幽静的鼓浪屿，是厦门的世外桃源
	著名的历史文化景点	厦门大学校园里南洋风情的建筑、壮观的石台阶
	独具特色的当地食物	中山路可以品尝独具特色的厦门沙茶面、姜母鸭、海蛎煎
	环境氛围良好，社会治安稳定	环境舒适，干净整洁，氛围悠闲
实地观赛意愿	赛事旅游者制订出游计划	在抽中签后开始按计划安排训练，准备出行计划
远期出游意愿	再次到访厦门的意愿	对厦门的美食美景万分留恋，期待下次相聚

4.3.3　非耦合形象

厦门马拉松非耦合赛事形象可分为专业的世界级赛事规程；暖心、高效的赛事组织决策，能够应对雨天办赛挑战；立体、全方位的赛事救援保障体系；专业的比赛设施四个维度。非耦合目的地形象可以分为美丽的风景及自然景点、著名的历史文化景点、独具特色的当地食物、良好的环境氛围以及稳定的社会治安。

4.3.4 小结

在举办厦门马拉松时，主办方在跑步路线的设计中结合了城市中的著名景点，且结合了沿海岸线的主要风光，使得参赛者的比赛体验良好，并且通过赛事的转播，有效地宣传了城市的旅游吸引物，树立了优秀的城市形象，提升了城市的知名度。同时在赛事补给当中，为参赛者提供的厦门当地特色食物，得到参赛者一致好评。因此，厦门马拉松可以为四川省赛事的完善提供新的思路。

4.4 多个城市马拉松赛事对比分析

中国的城市马拉松赛事已经历了 38 年的发展历程，在此过程中赛事数量迅速增加。2015 年国家体育总局对马拉松赛事审批权予以下放，更是激发了地方政府和社会组织办赛的积极性，举办马拉松赛事的城市迅速增加（李兆元、汪作朋，2018）。中国田径协会马拉松项目的官方数据表明，2018 年全国共举办马拉松赛事 1 581 场，比 2017 年增长了 43.4%，涵盖了全国 70% 以上的城市（潘磊、刘芳枝，2020）。然而，各主办城市对赛事的宣传几乎都聚焦于赛事规模与服务，致使大量的马拉松赛事趋于雷同，赛事之间的区分度下降，对参赛者的吸引力降低。对此，马拉松赛事主办城市应该积极寻求增强马拉松赛事的独特性、树立赛事品牌个性特征的手段。

依据事件举办频率，可将其分为一次性事件和标志性事件（hallmark event）。标志性事件指一种在举办地重复举办的事件（a recurring event）。随着时间的流逝，标志性事件将与举办地融为一体（戴光全、保继刚，2003），故某个城市每年重复性地举办马拉松赛事，马拉松赛事便会成为该城市的一个标志性事件，逐渐与城市融为一体。根据认知心理学中知觉的"格式塔"规律，对于办赛地举办的标志性事件，事件旅游者首先获得的是大空间尺度的地理环境信息，在其心里会形成一个关于事件和地理区域整体环境的形象阶梯。以北马为例，对北京（办赛地）举办的马拉松赛事（标志性事件），参赛者会依据其空间隶属及包含关系（北马属于北京举办的标志性事件之一），产生推理性认知（人们对北马的认知，是置于北京这一背景之下的，会用北京的城市特色感知推理北马的形象）。参赛者对马拉松赛事形象的感知会受到办赛地特色的影响。可见，借助于办赛城市的不同特色和个性，有助于实现办赛地形象和赛事形象深度融合，促进马拉松赛事品牌形象的差异化。

由此，这一节主要通过对不同城市马拉松赛事，包括北京马拉松、广州马拉松、武汉马拉松和重庆国际马拉松的比较，发现马拉松赛事品牌形象存在的共性和个性，探寻其赛事品牌个性特征的新来源，为四川省在推动体育赛事与城市功能共同发展的过程中树立特色鲜明的、差异化的赛事品牌形象提供参考。

4.4.1 研究设计

4.4.1.1 案例赛事选择

依据举办地资源类型，马拉松赛事可分为城市马拉松、山地马拉松、海洋马拉松和历史遗迹马拉松等多种类型。相对而言，城市马拉松赛事的历史更为悠久，获得的研究关注也最多（王克稳、李慧、耿聪聪 等，2018）。代表中国最高等级的马拉松系列赛事之一的"中国马拉松大满贯（China Marathon Majors）"，其首届创始成员分别是北京马拉松、广州马拉松、重庆国际马拉松和武汉马拉松（下文分别简称"北马""广马""重马""汉马"）四项赛事，全部都属于城市马拉松，因此本研究欲选取城市马拉松中的北马、广马、汉马和重马四个赛事为案例，对其赛事品牌形象进行对比分析研究。

4.4.1.2 数据来源

本研究在爱燃烧原创社区、跑吧论坛、知乎论坛等网站上提取了2018年4个城市马拉松赛事的相关跑记。为了确保跑记内容充分完整，我们对获取到的所有跑记首先进行一次人工筛选，要求其中跑记的文字内容不少于500字。最终得到北马112篇、广马和汉马各100篇、重马54篇，字数分别为25.9万、15.1万、19.1万和11.1万。

4.4.1.3 分析方法与过程

我们认为，在获取到的城市马拉松跑记中，一个词语重复出现的频次越高，意味着参赛者对马拉松赛事的这一形象属性感知越强烈和普遍，该词语就越能代表参赛者对马拉松赛事品牌形象的感知。基于此，本研究首先借助ROST CM6.0分析了四个城市马拉松赛事的跑记，统计其排名靠前的关键词和词频。以北马的分析过程为例，首先设置分词规则，将北马跑记进行分词；其次统计其排名前100的关键词和词频；最后将分词后的关键词和词频进行筛选，排除与赛事形象无关的关键词如"晚上""早晨""手机"等，合并意思一致的关键词，如"北马"和"北京马拉松"、"筋疲力尽"与"精疲力竭"等，合并后关键词的词频为原先意思一致关键词的词频之和。

在进行跑记词频分析的基础之上，我们对于四个城市马拉松对比分析的技术路线进行规划，如图4-8所示。首先，为了避免跑记数量不一致导致的关键词词频差异，将关键词词频按比例进行标准化处理，即计算每一个关键词词频相对于总词频的比例。其次，将四大满贯关键词及词频进行合并处理，相同的关键词为一个，不一样的关键词全部提取，并回到其余3个跑记的文本中检索相关关键词的词频，并同样进行比例标准化处理，此外，人工剔除部分与马拉松赛事形象关联度不高的关键词。最后，合并保留后的四大满贯关键词及词频比例进行对应分析，得出体育赛事旅游者对不同城市马拉松赛事品牌形象感知相似和差异化的来源属性。

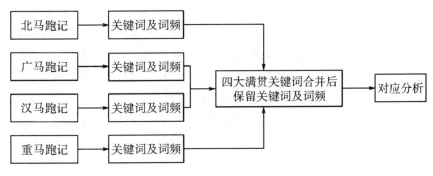

图4-8　本研究技术路线

4.4.3　分析结果

4.4.3.1　赛事形象构成分析

对品牌形象的相关研究认为，人们对品牌形象的感知取决于自身所拥有的认知和情感技能。1999年，Baloglu和McCleary将目的地形象划分为认知形象和情感形象，得到了学术界的普遍认同。在体育赛事品牌形象的研究中，学者们也普遍沿用这一思路，将体育赛事品牌形象划分为认知形象和情感形象（刘辛丹、吕兴洋、李惠璠，2016；焦建玲、柴王军，2018），本研究对关键词所属形象分析类目的构建也参照认知形象和情感形象进行分析。此外，由于本研究的目标是探讨城市特色对马拉松赛事品牌形象的影响及机理，因此笔者进一步将参赛者对马拉松赛事品牌的认知形象分为对马拉松运动本身的认知和对办赛城市特色的认知。

笔者将四个城市马拉松跑记关键词按马拉松运动认知形象、办赛地城市特色认知形象和马拉松情感形象进行归类，并统计三类形象关键词总词频占全部关键词总词频的比例，结果如表4-3所示。首先是参赛者对马拉松运动本身的认知，其中包括：反映赛事专业性的，如"赛道""半程""全程""终点""兔子"等；反映赛事服务的"能量""香蕉""补给""志愿者""云南白药"等；反映天气情况的"天气""气温""雨衣"等。这类关键词不仅所占频次最高，而且往往同时出现在参赛者对不同城市马拉松赛事的跑步记录中，属于参赛者对马拉松赛事品牌形象感知较相似的部分。其次是参赛者对马拉松赛事主办城市特色的认知，北马、广马、汉马和重马的城市特色形象词频占比分别是18.8%、25.0%、30.9%和32.2%。这类关键词的主要特点是仅出现在某一特定城市马拉松跑记中，在其他城市马拉松跑记中或者不出现，或者即使出现频次也低于三次，具有偶然性。这一方面说明办赛城市特色对马拉松赛事品牌形象感知的影响是存在的，是参赛者感知马拉松赛事品牌形象的一部分；另一方面说明参赛者对办赛城市特色的认知是马拉松赛事品牌形象中独一无二的部分。但是，可以看出参赛者对办赛城市特色形象认知的词频占比远远低于马拉松运动形象词频占比，说明参赛者对城市马拉松赛事品牌形象的感知依然以体育运动为核心。最后是参赛者对马拉松赛事情感形象的认知，如"热情""开心""舒服""激动"等，这类关键词的词性以形容词词性为载体，反映了参赛者对马拉松赛事和城市游览的情感评价，且这类关键词同时出现在四个城市马拉松赛事的跑步记录中，属于参赛者对马拉松赛事品牌形象感知较相似的成分。综上所述，只有办赛城市特色认知形象才是马拉松赛事相互区别，从而形成独特品牌形象的关键。

表4-3　关键词按类别统计词频比例结果　　　　　单位:%

赛事	运动形象词频占比	办赛城市特色形象词频占比	情感形象词频占比
北马	67.4	18.8	13.8
广马	63.6	25.0	11.4
汉马	56.1	30.9	13.0
重马	56.5	32.2	11.3

4.4.3.2　关键词及词频对应分析结果

我们对四个城市马拉松跑记的关键词及词频进行对应分析，获得的三个维度奇异值和惯量如表4-4所示。第一维度的奇异值为0.604，惯量为0.365，解释的惯量比例为43.7%；第二维度的奇异值为0.514，惯量为0.264，解释的惯量比例为31.6%；两个维度累计解释惯量比例达到75.3%，丢失的信息较少，因此只取两个维度即能够较好地展示变量之间的关系。

表4-4　对应分析的各项统计指标

维数	奇异值	惯量	卡方	显著性概率	惯量比例	
					解释	累计
1	0.604	0.365			0.437	0.437
2	0.514	0.264			0.316	0.753
3	0.455	0.207			0.247	1.000
总计		0.836	1 838.989	0.000[a]	1.000	1.000

注：a 自由度=249。

图4-9是四个马拉松跑记关键词词频两维度的对应分析结果。依据对应分析法的解释原则，同一变量各类别之间的距离代表它们之间的相似程度，距离越接近表示越相似；不同变量各类别之间的距离代表它们之间的联系程度，距离越接近表示联系越紧密。根据图示结果，第一，反映马拉松赛事运动形象的关键词如"兔子""半程""赛道""参赛"等和反映马拉松赛事情感形象的关键词如"热情""轻松""开心"等，距离中心点较近，位于四个城市马拉松的交叉部分，属于参赛者对四个不同马拉松赛事形象感知的共同部分，说明参赛者对不同马拉松赛事运动形象的感知具有较大的相似性，马拉松运动形象因素难以让参赛者准确地区分不同城市马拉松赛事品牌形象。结合表4-3各大类关键词词频占比结果，可知当前参赛者对不同城市马拉松赛事品牌形象感知以共性为主，马拉松赛事品牌形象之间的差异不显著。第二，反映马拉松赛事举办城市特色形象的关键词如"广州塔""花城""长江大桥""樱花"等远离中心点，距离本城市马拉松的距离远远小于距离其他城市马拉松的距离，是参赛者对不同城市马拉松赛事品牌形象感知中的差异化属性因素，反映了参赛者对不同城市马拉松赛事品牌形象的个性感知，参赛者借助这部分形象因素能够非常容易地区分不同马拉松赛事形象。具体来说，反映马拉松赛事品牌个性形象的城市特色关键词最多的是各城市的标志性景区景点名称，如北京的"天安门""鸟巢"，广州的"广州塔""珠江"，武汉的"东湖""黄鹤楼"和重庆的"解放碑""洪崖洞"等。将这些关键词定位在跑记中，分析前后文可以发现，这类关键词部分出现在参赛者的跑前记录中。这是因为外地游客往往会于马拉松开赛前到达办赛城市或是在赛后延后离开，利用比赛前后的时间在办赛城市的标志性景区景点游览，感受办赛城市的特色。部分出现在跑马记录中，这是因为办赛城市的赛道设计往往会选择结合本城市的标志性景观，参赛者比赛途经的知名景区、景点给参赛者留下了非常深刻的印象。另一

类关键词是反映城市整体气质的关键词，如广马跑记中的"花城"反映的正是参赛者对广州城市特质的感知，重马的"山城""上/下坡"亦反映了重庆的整体城市特色。结合表4-3词频统计结果，可知当前参赛者对不同马拉松赛事形象的个性化感知低于共性感知，马拉松赛事品牌形象的个性化不够明显，赛事主办方未能很好地利用办赛城市特色提升马拉松赛事品牌形象的个性化和独特性，仍存在着较大的品牌提升空间。

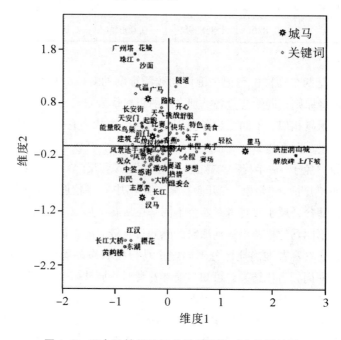

图4-9　四个马拉松跑记关键词词频对应分析结果

4.4.4　研究结论与建议

4.4.4.1　结论

（1）办赛城市特色是体育赛事参赛者对赛事品牌形象感知的重要组成部分。词频分析结果显示，参赛者对马拉松赛事品牌形象的感知并不只是对马拉松运动本身的感知，办赛城市特色也是参赛者感知的赛事品牌形象的一部分。这说明办赛地形象特色对体育赛事品牌形象存在影响，在赛事品牌形象的塑造中需要重视与办赛城市形象的结合。

（2）当前马拉松赛事品牌形象过于突出体育运动本身，与办赛城市特色形象的融合还不够充分。研究结果显示，参赛者对办赛城市特色的感知远低于对体育运动本身的感知。4个城市马拉松的跑记词频分析结果中，反映马拉松运动形象的关键词词频占比远高于办赛城市特色形象的关键词词频占比。参赛者对马拉松运动本身的形象感知构成了其对赛事品牌形象感知的核心，说明赛事主办方在赛事品牌形象中对办赛城市形象的融入还有待加强。

（3）办赛城市特色成为参赛者对马拉松赛事品牌形象感知的差异化部分，是赛事品牌形象个性化的重要来源。随着马拉松赛事的商业化发展，城市马拉松赛事之间趋于雷同。本研究对不同城市马拉松赛事品牌形象的对应分析结果显示，参赛者对马拉松运动形象的感知具有极高的相似性，而赛事品牌形象的差异主要体现在参赛者对办赛城市特色的感知上。即办赛城市特色构成了体育赛事品牌形象的差异化部分，是参赛者区分同类体育赛事的重要依据。依托办赛城市特色宣传标志性体育赛事形象将有助于提高赛事品牌形象的个性化和独特性。

4.4.4.2　建议

（1）体育赛事品牌形象的定位应充分融合办赛城市的个性与特色，推动赛事发展。主办方在马拉松赛事品牌形象的定位中，要充分融合办赛城市个性化的精神风貌与文化特色，提高马拉松参赛者对赛事品牌形象的独特感知。赛事主办方要充分挖掘办赛城市代表性的地方文化并使其成为赛事形象重要组成部分，要把办赛城市所弘扬的地方精神和个性同赛事精神高度融合起来，最大限度地将办赛城市和体育赛事融为一体。

（2）多方面利用办赛城市特色，打造马拉松赛事独一无二、难以复制的赛事品牌形象，提升马拉松赛事竞争力。具体而言，第一，挖掘马拉松赛事主办城市的文化符号，在赛道的设计中充分结合城市中的著名景点，如将比赛折返点及一些能量补给点设在城市地标性建筑和热门旅游景点所在地，使赛事品牌形象融入更为鲜明的地域文化特征。第二，在赛事包和赛事补给中，为参赛者提供具有城市特色的物品和食物，提高参赛者的个性化感知和满意度。如重马的参赛者在跑记中写道："参赛包里面的内容很丰富，很有重庆特色，分为参赛包和美食包，给了选手一个小惊喜。"这充分体现了重庆美食之都的特色，得到了参赛者的一致好评。第三，体育赛事符号作为传播体育赛事形象的典型代表，其设计要充分融合办赛城市积极传播的独特传统文化、地域风貌、风土人情和民族精神等，从马拉松赛事的会徽、吉祥物、口号理念到赛事奖牌的设计等，都要尽量选用反映城市旅游管理组织所宣扬和传播的热门目的地品牌形象元素，高度结合办赛城市特色代表性文化，使赛事符号兼具赛事和办赛城市形象的不可替代性等。第四，办赛期间不断地将办赛城市的个性和特色融入一系列具体的体育活动之中，借助参赛者的主动参与及体育赛事的仪式、象征性事件或鲜明标识，使参赛者感知到马拉松赛事品牌形象中浓浓的办赛城市个性和特色。

（3）充分利用参赛者赛前、赛后的城市游览活动，促进赛事品牌形象和办赛城市特色的深度融合。参赛者对办赛城市特色形象的感知部分源于参赛者比赛前后的游览。这为马拉松赛事主办方提供了融合赛事品牌形象和办赛城市特色的思路，即加强与当地旅游主管部门的合作，想方设法提高参赛者赛前、赛后参观游览办赛城市的可能性。如在马拉松参赛者的参赛包中，提供反映目的地旅游管理组织所宣扬和传播的热门景区景点以及城市独特标志性景区景点的门票，既有助于延长参赛者在办赛城市的停留时间，也有助于强化参赛者对办赛城市的特色感知。

5 国内其他体育赛事与城市形象耦合研究

除了奥运会、世界杯、世界大学生运动会等世界性的大型综合运动会外，体育赛事还包括具有巨大影响的世界单项运动会及一些知名的、高水平的洲际性或地区性、全国性体育赛事（沈建华、肖锋，2004）。这些赛事对举办地城市经济、文化软实力、城市规划建设和体育旅游产业等带来的巨大影响已成为学界和业界的普遍共识，尤其是体育赛事对举办地形象的影响研究备受瞩目。但大部分研究都从举办体育赛事对目的地形象传播的影响入手，研究目的地体育赛事的人群集聚效应和媒体报道效应对目的地形象传播的影响（孟阿丹，2011；赵红娟、姜健、杨涛，2016）。实际上，体育赛事本身蕴含了丰富的赛事精神文化内涵。体育赛事有其自身的形象，这种赛事形象和目的地形象之间是否存在关联和契合，目的地如何利用体育赛事的精神丰富目的地的形象和品牌内涵，体育赛事对目的地形象的这种深层次的、更广泛的影响亟待关注。尤其是周期性地在某一固定目的地举办的大型体育赛事，已成为目的地的一种标志性事件，如何将赛事本身的良好形象转移到举办地形象上，实现二者的深度契合，对加快举办地城市的发展，进一步提升城市品牌的核心竞争力，塑造富有自身特色的城市形象具有重要意义。

本研究选取了中国规模最大的国际公路自行车赛事——2018年青海环湖自行车赛、2018年上海F1赛事作为案例赛事，分别对2018年青海环湖自行车赛、2018年上海F1赛事发展过程中的耦合形象与非耦合形象进行具体探析。

5.1　2018年青海环湖自行车赛

5.1.1　案例简介及数据分析

环青海湖国际公路自行车赛简称"环湖赛"，从2002年开始举办，每年的6月至8月间在青海省的环青海湖地区和邻近的甘肃省及宁夏回族自治区举行。经国际自行车联盟批准，环湖赛为2.HC级，是亚洲顶级自行车公路多日赛，也是世界上海拔最高的国际性公路自行车赛；环湖赛是中国规模最大、参赛队伍最多、奖金最高的国际公路自行车赛事。环湖赛高海拔、长距离、多爬坡的特点，使得比赛尤为精彩，观赏度高，队伍能力强。环湖赛比赛线路设计以碧波浩渺、鸟翼如云的青海湖为中心，并向周边地区的青海东部农业区、青海西部牧业与荒漠区、青南高原高寒草甸草原区、甘肃河西走廊、宁夏黄河金岸等地区延伸，沿途自然风光雄奇壮美，旖旎迷人。本节选择青海环湖自行车赛的原因在于，环湖赛发展至今已然成为富有国际影响力、彰显国际赛事水平、独具中国特色的顶级赛事。通过举办该赛事，青海快速有效地传播了当地文化，在国际上成功塑造和提升了城市形象，提高了城市的知名度和美誉度（周晓丽、马小明，2017）。青海在举办环湖赛的过程中，打造和提升赛事形象、举办地形象的成功经验，值得四川省在促进赛事和城市形象提升的过程中学习和借鉴。

基于词频分析法和文本分析法，我们将从各游记网站上收集到的游记进行汇总和词频分析，根据分析所得数据，解析出赛事形象的组成部分和要素强度。在词频分析的基础上，我们以形象关键词为标记物，在原始游记中进行搜索和定位，通过对关键词的前后文进行解读，形成更为具体和丰满的赛事形象。分析结果如表5-1所示。

表 5-1　环湖赛游记分析结果　　　　　　　　　　　　单位：次

维度	关键词	词频	维度	关键词	词频	维度	关键词	词频	维度	关键词	词频
举办地旅游资源及旅游吸引物 458次(27%)	塔尔寺	24	旅游资源总评价 114次(7%)	美丽	10	赛事专业度 211次(12%)	千米	57	交通方式 78次(5%)	行程	15
	盐湖	22		色彩	8		赛段	24		自行车	9
	景区	21		面积	6		比赛	21		租车	9
	风景	20		奇特	6		距离	17		包车	9
	丹霞	19		旅行	6		环湖	14		火车	8
	高原	18		旅游	6		环线	10		机场	8
	雅丹	17		神奇	6		车队	9		飞机	6
	七彩	14		神秘	6		自行车赛	9		车子	5
	莫高窟	14		游玩	6		赛事	8		高速	5
	水上	13		强烈	5		公路	7		车辆	4
	油菜花	12		壮观	5		骑手	6	天气情况 40次(2%)	日月	11
	月牙泉	12		红色	5		体力	6		封路	8
	辣椒	12		苍凉	5		温差	6		天气	8
	景点	11		美景	5		衣物	5		季节	8
	门票	11		旅途	5		地图	4		晴天	5
	祁连山	11		防晒霜	5		骑车	4	时间与日期 120次(7%)	时间	25
	参观	11		自然	5		国道	4		晚上	23
	日出	10		气势	5	比赛过程 137次(8%)	出发	28		下午	15
	鸣沙山	10		孤独	5		路上	15		早上	14
	湖边	10		温馨	4		路程	11		当天	9
	草原	9	旅游基础设施 80次(5%)	酒店	27		海拔	11		这天	8
	地貌	8		宾馆	11		一路	11		五点	6
	沙漠	8		早餐	7		赶路	9		今夜	6
	景色	7		房间	6		路线	8		夏季	6
	寺院	7		山庄	6		小时	8		中午	4
	雪山	7		吃饭	6		漫步	7		傍晚	4
	白云	7		早饭	5		分钟	6	当地地名 313次(18%)	西宁	41
	马蹄	7		客栈	4		路况	5		祁连	40
	天空	7		超市	4		排队	5		敦煌	32
	阳光	6		餐厅	4		绕圈	5		青海	30
	雪峰	6	参赛及同行人员 40次(2%)	朋友	15		上坡	4		地方	27
	黄河	6		孩子	13		下坡	4		张掖	26
	羊肉	6		游客	8	比赛现场 10次(1%)	山上	5		黑马河	22
	佛教	5		同学	4		山下	5		西北	19
	景观	5	比赛服务设施及服务人员 66次(4%)	师傅	27	赛事总评价 25次(1%)	休息	20		西海镇	14
	石头	5		住宿	21		特色	5		兰州	14
	蓝天	5		司机	18	举办地评价 13次(1%)	方便	13		门源	11
	大漠	5		路线	8					地区	7
	大自然	5		拍照	8					卓尔	7
	洞窟	5		游记	6					刚察	6
	莫家街	4	旅游项目 14次(1%)							甘肃	5
	文化	4								乐都	4
	黄沙	4								德令哈	4
	酥油花	4								西宁市	4
	戈壁	4									
	嘉峪关	4									
	经院	4									
	滑翔机	4									
	日落	4									
	藏语	4									

5.1.2 赛事与举办地耦合形象

环湖赛是以青海湖为赛段核心的自行车赛,其赛段有着分布广、赛段长和难度大的特点,通过对赛事认知形象的辨别,可以很明显地感受到比赛的专业性,诸如"赛段""环线""自行车赛"等词均在认知要素词频汇总表中排名很高。整体来说,其赛事认知形象为专业的、高水平的自行车赛。

旅游目的地认知形象则多以旅游目的地和旅游吸引物为代表,可以看出旅游目的地的认知形象有着自然与人文旅游资源丰富、风景秀美、元素相对分散且多元等特点。在认知形象上,赛事认知形象与旅游目的地形象有着较少的耦合,耦合点体现在相对高端和专业的赛事形象上。环湖赛作为世界高原体育运动第一品牌,有着高水平、高层次和高档次的特点,而以青海湖和七彩丹霞为代表的自然旅游资源以及以莫高窟和塔尔寺为代表的人文旅游资源组成旅游目的地,其认知形象也具有高层次和高档次的特点。总体来说,环湖赛的赛事认知形象与旅游目的地认知形象有着部分耦合,但其耦合点较为隐蔽,有着不充分和不直接的特征。

情感形象是对目的地各种属性的情感反应,我们将词频分析得出的词进行再分析和再分类,最后总结出旅游目的地的情感形象与赛事的情感形象。旅游目的地的情感形象主要表现为景色美丽、震撼人心与让人印象深刻。赛事的情感形象主要体现在赛事专业度、赛事比赛过程和赛事的后勤保障等方面。赛事情感形象与旅游目的地有着很多的耦合点,分为以下几点:①赛道途经地区风景秀美。环湖赛整个赛事途经了青海、宁夏与甘肃三省区,沿线有着极其丰富的旅游资源,且因为是自行车赛,其本身便是一道靓丽的风景线,两者相互融合一体,和谐且美好。②极具观赏性的自行车赛道,比赛观赏性极高。得益于比赛的层次高、平台高,比赛观赏性极高,能够吸引大量的赛事爱好者前往该地观赛。③赛事社会效果良好,观赛热度高。作为青海的一张名片,也作为世界高原体育第一运动品牌,环湖赛带来了良好的社会效应。

在旅游形象总体评价中,旅游满意度是需要着重考虑的一个要素。相关资料显示,对于青海省,整体的国内游客对游览持非常满意态度的占 17.23%,持满意态度的占 43.93%,持一般态度的占 32.08%,持不满意和非常不满意态度的占 6.76%。其中,就"吃、住、行、游、购、娱"六个部分来看,游客对于青海省的游览部分是满意度最高的,对于交通和住宿的满意度则较低。总体来说,国内游客对于青海省的旅游整体上是满意的,扣分项主要集中在一些旅游基础设施上。环湖赛的整体满意度可以通过以下数据来体现:据第十三届环湖赛评估数据，三省区承办地近 90% 的群众希望再次看到环湖赛，近 97% 群众支持本地继续承办环湖赛。由此可见，当地居民对于环湖赛的整体满意度极高。

基于词频分析、文本分析和相关数据的汇总，我们可以得出当地旅游目的地的总体形象和环湖赛的总体形象。当地旅游目的地总体形象——旅游资源丰富但是基础设施较差；环湖赛的总体形象——高水平、高层次赛事，赛事基础设施有待加强。就两者的总体形象来分析，两者有着以下耦合点：两者总体满意度高，且树立了良好的总体形象。两者在游客心中均留下了良好的形象，这是两者形象耦合能够带来积极效应的基础，两者形象耦合能够带来 1+1>2 的效果（表 5-2）。

表 5-2　赛事与目的地耦合及非耦合形象分析

主范畴	对应范畴	范畴内涵
耦合形象	公路条件良好，适宜开展自行车赛	目的地良好的公路条件与举办环湖赛应具备的条件相吻合； 环湖赛所经路段公路条件良好，具有举办自行车赛的条件
	极具观赏性的自行车赛道，比赛观赏性极高	环湖赛的比赛公路满足国际自行车联盟的标准； 环湖赛比赛路段具有高海拔、长距离、多爬坡的特点，比赛观赏性极高
	赛事社会效果良好，观赛热度高	环湖赛元素和当地全民运动、生态立省方针吻合； 承办地居民超九成希望再次承办环湖赛，因其带来了良好的经济效应与社会效应
非耦合赛事形象	赛事水平极高	环青海湖国际公路自行车赛是世界高原体育运动第一品牌和亚洲顶级、最大规模的自行车赛，参赛人数多，比赛规模大
	赛事时间跨度大，地理跨度大	赛事持续 14 天，全程总距离超 3 000 千米，比赛总距离超 2 000 千米
	赛事宣传效果好	每年比赛期间，逾 50 名记者全程跟踪报道，CCTV 频道推出比赛报道专栏
	保障体系完善	环湖赛保障体系完备，医疗卫生条件良好

表5-2(续)

主范畴	对应范畴	范畴内涵
非耦合 目的地 形象	优美的自然风光	当地自然景观优美，有着诸如戈壁、草原、湖泊、沙漠等自然风光
	历史悠久的文化景点	青海、甘肃、宁夏等地有着极为丰富的历史文化景点
	独具特色的当地食物	特色美食颇多，诸如酿皮、焜锅馍馍、兰州牛肉面等
	热情好客的当地居民	大西北的壮美山河哺育出热情爽朗的当地居民，当地居民极为热情好客
	独特新奇的民俗民情	当地有着极其有特色的民俗民情，诸如土族波波会和花儿会

5.1.3　赛事与举办地非耦合形象

（1）赛事专业程度高。词频分析中，关于赛事专业度的词被提及211次，占整体的12%。赛事专业度分为参赛者专业度和比赛所提供的服务的专业度。环湖赛每年会吸引多达20余支专业高水平队伍参加，其中包括诸如意大利威廉车队和意大利日邦车队等国际高水平的世界知名自行车队。高水平队伍不仅可以提高比赛整体的竞技水平，更能带来显著的宣传效果，有利于比赛的推广。经国际自行车联盟认定，环湖赛为2.HC级，为亚洲公路自行车赛的最高级别，其不但在公路质量上，而且在赛事专业程度、赛制保障体系专业程度等方面都是亚洲公路自行车赛中最顶尖的。

（2）交通可进入性较差。在词频分析结果中，交通方式被多次提及，次数多达78次，占整体的5%。其中多次提到租车、包车等，也间接印证了其交通可进入性较差。环湖赛具有高海拔、长距离、多爬坡的特点，其赛道跨越三省区，经过草甸区、戈壁区、沙漠区等地形，当地的基础设施也有待完善。

（3）比赛带动旅游发展效应明显。在词频分析中，最让人印象深刻的便是青海举办环湖赛所带来的良好的社会效应和经济效应，体现在比赛对于当地旅游业的带动。分析结果中，举办地旅游资源及旅游吸引物这一项被累计提及了458次，占整体的27%。旅游资源可分为人文旅游资源和自然旅游资源，其中也包括一些极为具体的、看似微不足道的旅游吸引物，诸如油菜花和辣椒等。青海省在最初设立环湖赛时，其初衷便是通过环湖赛来宣传青海，推动生态立省战略的实施。在2001年，青海省全年接待国内外游客375万人次，旅游收入为13.45亿元。而到了2017年，青海省全年接待国内外游客多达3 484.1万人次，旅游收入为 381.54 亿元。环湖赛在青海省最初尝试打开旅游市场时起到了举足轻重的作用。

（4）对举办地印象总体良好。在词频分析中，有两类词提及了对于举办地的印象，分别为举办地评价和旅游资源总评价，分别占据整体的 1% 和 7%。在评价中，充满了"美丽""奇特""方便"等正面积极的词。在 2017 年青海省旅游数据报告中，在青海旅游相关热词中出现最多的为"青海""民族""秀美"等词，也间接印证了以上结论。

（5）比赛受天气情况和日期等影响。作为比赛线路跨度长达 2 000 千米、时间跨度长达 2 周的比赛，环湖赛受天气条件影响明显。在词频分析中，有关天气情况和时间（日期）的相关词累计出现了多达 160 次，占整体的 9%。环湖赛比赛时间为每年 6 月至 8 月，选择在这几个月进行比赛也有部分原因是出于对天气情况的考虑。青海湖最佳旅游时间为每年 8 月、9 月。在比赛期间，青海湖平均温度为 8℃ 至 20℃，西宁市平均温度为 11℃ 至 20℃，整体气候适宜，风和日丽，非常适合开展自行车公路赛。

（6）比赛参与度有待提高。在词频分析中，参赛人员累计被提到了 40 次，占总体的 2%。作为比赛的主体，比赛的参与者和同行人员极少被提及。环湖赛在建立之初，便以高水平和高层次的形象面向国内、面向世界。环湖赛发展到第十七届，高层次、高水平的形象逐渐在人们心中形成，但因为比赛专业度较高，形成了"曲高和寡"的局面，游客参与度低成了环湖赛发展的瓶颈之一。

（7）比赛赛段较多，距离较长。比赛时间跨度较大，比赛时间持续两周，空间跨度较大，比赛线路跨越三省区，总计 2 000 余千米。在这样的条件下，非常适合旅游业的发展。从 2002—2017 年青海省旅游收入数据等可以看出，青海省旅游业的发展虽然在前期遇到了一些波折，但在 2011 年后，青海省旅游业发展进入了快车道，环湖赛作为青海省的一张名片，功不可没。

（8）比赛过程精彩，观赏性高。在词频分析中，比赛过程被累计提到了 137 次，占总体的 8%，其中包含诸如"绕圈""上坡""下坡"等自行车赛中观赏性极高的部分的关键词，比赛过程精彩，观赏性高。这也与环湖赛"高海拔、长距离、多爬坡"的特点相吻合。

5.1.4 小结

（1）环湖赛与当地旅游目的地形象的耦合程度较高，且耦合点较为丰富而全面。一个旅游目的地形象由认知形象、情感形象和总体形象构成，环湖赛和当地旅游目的地在三个部分均有着较多的耦合点，耦合点从高端形象的建立到当地基础设施等，丰富且全面。

（2）青海省的基础设施建设成为青海省发展旅游业的短板，其基础设施的短板会部分影响青海省旅游目的地形象与环湖赛赛事形象的耦合。

（3）青海省丰富的自然旅游资源和人文旅游资源是青海湖旅游业发展的一大优势，其在游客心中树立了较高端的目的地形象。其与环湖赛的形象相耦合，是青海省发展旅游的一大利器。

（4）在青海湖开发旅游业时，环湖赛起到了极为重要的作用。随着青海湖旅游业的大发展和环湖赛品牌效应的逐渐显现，两者的形象耦合会在现有基础上更加紧密。

5.2　2018 年上海 F1 赛事

F1 赛事在上海举办，成功地打开了中国市场。中国市场有着全球最大的人口基数和最大的汽车市场，是 F1 赛事全球发展战略的重要板块之一。尤其是在 2017 年 1 月美国自由媒体集团收购和接手掌管 F1 集团后，中国赛场是他们"去伯尼化"的未来规划中重要的赛场之一，他们甚至会采取与其他经典传统赛道不同的资源配置和运作方式。赛事推广方上海久事国际赛事管理有限公司（简称"久事赛事"）不仅要向 F1 管理公司（FOM）支付高额的赛事承办权费用，还需另外购买电视转播权、赛事冠名权、场地广告权、围场经营权，而久事赛事仅拥有门票权，因此 F1 集团能从中获得不少的收益。

上海市人民政府办公厅在其官方网站上所发布的《关于印发〈上海市体育产业发展实施方案（2016—2020 年）〉的通知》中明确表示，要提升顶级品牌赛事的国际影响力，加大世界顶级赛会培育和引进力度，力争形成"一月一个代表性精品赛事"的良好局面。上海市政府大力支持举办 F1 中国大奖赛，给予土地、设施建设、税收等优惠政策，让 F1 赛事举办能够有一个宽松的环境和良好的基础。

2018 年，F1 赛事来到中国已经 15 年了，和 2004 年刚引进 F1 赛事时相比，中国的赛车文化氛围和车迷观众群体已不可同日而语，这为 F1 世界一级方程式锦标赛增添了消费人群，扩大了消费市场。为了更好地包装这个举世瞩目的体育赛事，上海利用了各种宣传渠道去进行推广，电视台、平面媒体、高架广告牌……甚至在公交车与出租车上也能看到 F1 上海站的身影。此外，上海国际赛车场不惜以每年 1.5 亿元的高价购买了 F1 赛事的电视转播权，并将其免费提供给中央电视台，只为使赛事能在全国范围内获得更大的影响力与更高的知名度，让更多的中国人了解世界一级方程式锦标赛及其规则、赛程、车手车队、品牌和赛车文化。花费巨资修建的上海 F1 赛道也为 F1 赛道的多样化增添了新的乐趣和关注，促进了中国与世界各地的赛车文化交流，也为世界各地的赛车手和车队提供了一个高水平、高质量、高关注度的比赛竞技场地。我们选择分析上海 F1 赛事与举办城市之间的耦合及非耦合形象，期望为四川通过举办体育赛事塑造独特的城市形象提供经验借鉴。

5.2.1 案例简介

F1（FIA Formula 1 World Championship），中文全称"世界一级方程式锦标赛"或"F1 大奖赛"或"F1 大赛"，与奥运会、足球世界杯并称为"世界三大体育盛事"，具有广泛的全球影响（张晓程，2010）。所谓方程式赛车，是指按照国际汽车运动联合会（FISA）规定标准制造的赛车。F1 世界锦标赛是国际汽车运动联合会举办的最高级别的方程式赛车比赛。1950 年，国际汽车运动联合会在英国银石赛道举办了第一次世界锦标赛，并一直举办到今天。2013 年 HRT 车队破产，目前全年共 11 支车队、22 位车手参赛。F1 赛车锦标赛是世界上最昂贵、速度最快、科技含量最高的运动，也是极具商业价值与魅力的体育赛事。

自 2004 年 9 月开始至 2018 年 F1 世界锦标中国大奖赛之前，已成功在上海举办 14 届 F1 大奖赛，对上海市的经济和旅游产生了深远的影响。上海 F1 大奖赛是上海六大品牌赛事之一，在城市体育文化中占据着至关重要的位置，也是上海城市形象的一个典型性象征。上海国际赛道是 F1 历史上第 63 条赛道，工程于 2003 年 10 月 17 日开工。2004 年，上海市政府第一次与 F1 签约，上海方面签下了"4+3"合同，并于当年 9 月 26 日在上海国际赛车场举办第一次 F1 中国站比赛。自 2010 年双方再签一个"4+3"合同后，2017 年 9 月 29日，F1 官方宣布中国大奖赛将继续成为 F1 世界锦标赛的一部分，续约为期三年，新的合同将从 2018 年持续到 2020 年。至此，F1 及其独特的文化逐渐走进中国，并为人们所熟悉。F1 赛事举办期间，数以万计的发烧友从世界各地汇聚上海，F1 赛事所带来的巨大影响力和人流量也带动了上海城市及周边地区知名度的提升以及旅游观光、交通、住宿、餐饮、娱乐、购物、保险、金融和汽车制造等相关行业的发展。

已有研究关注了 F1 中国大奖赛对上海旅游和上海城市形象传播的影响

（王志宇、王富德，2005；张晓程，2010），但在 F1 中国大奖赛赛事形象与上海目的地形象的耦合这一点上并没有做过多的研究和探讨。本研究拟对 F1 中国大奖赛赛事形象与上海目的地形象的耦合关系进行相关研究，期望借助 F1 中国大奖赛赛事形象，丰富上海城市形象，提高上海城市品牌的独特性，促进上海经济的更好发展。

5.2.2　F1 中国大奖赛的赛事形象分析

5.2.2.1　形象分析类目和方法选取

由于形象并不总是客观中立的，它取决于认知主体所拥有的认知和情感技能。1999 年，Baloglu 和 McCleary 在关于旅游者感知形象的研究中将旅游形象划分为认知形象和情感形象，得到了学术界的普遍认同。认知形象由认知主体对认知客体一系列相关要素的评价形成，基于认知客体的属性差异，认知形象的内容也不一样。情感形象受认知客体对认知主体的情感影响，认知主体的情感技能不同，情感形象差异更大，也比认知形象更加主观。

学者通常采用问卷调查法测量认知主体的形象感知（吕兴洋、刘丽娟、林爽，2015）。随着信息通信技术的迅速发展，互联网上承载了大量的反映认知主体形象感知的网络文本内容。已有研究发现，问卷调查和网络文本分析得到的游客对目的地的形象感知具有高度一致性（吕兴洋、邱玮、刘祥艳，2016），验证了网络文本分析在形象测量方面的可行性。内容分析法源于社会科学对自然科学定量研究方法的借鉴，是一种对各种文献和传播内容等文本进行系统、客观和定量描述的研究方法，其实质是对文本内容所含的信息量进行分析。运用内容分析法可以对研究类目和分析单元出现的频数进行计量统计，实现由表征有意义的词句推断出准确意义结果的目的。因此本研究采用网络文本内容分析法对 F1 中国大奖赛的赛事认知形象进行分析，运用内容分析法对互联网上观众对 F1 中国大奖赛赛事的评论内容进行分析，以较准确、客观地反映观众对 F1 中国大奖赛赛事形象的感知。

本研究首先从知乎"上海 F1"话题和虎扑社区 F1 赛车板块抓取了关于 F1 中国大奖赛的 632 条用户评论，借助对评论文本的分析，得出准确的 F1 中国大奖赛赛事形象。我们首先将提取到的 632 条用户评论放在一个词频分析软件可以识别的 text 文档中，并进行词频分析和编码，得出词频分析排名前 20 位的上海 F1 赛事形象关键词，具体见表 5-3。

表 5-3　上海 F1 赛事形象分析结果

关键词	出现频次/次	所占比例/%
明星车手/车队	227	27.38
策略战术	124	14.96
车手表现精彩	122	14.72
赛车轮胎	82	9.89
比赛刺激	65	7.84
票价	38	4.58
赛车规则	35	4.22
车迷（会）	26	3.14
场地赛道	18	2.17
工作人员	17	2.05
纪录	17	2.05
上座率	12	1.45
转播	11	1.33
现场气氛	10	1.21
医疗急救—安全车	8	0.97
赞助商	6	0.72
可到达性	5	0.60
国际性	3	0.36
有影响力的	3	0.36
天气	2	0.24

5.2.2.2　认知形象

由表 5-3 可见，观众对 F1 中国大奖赛赛事形象的认知以赛事本身为核心，在观众和车迷的关注项目中，排名前 20 位的关键词基本都是反映赛事本身特征的词语。排名第一位的关键词是"明星车手/车队"，占比 27.38%。F1 世界一级方程式锦标赛，作为世界上最昂贵、具有最高科技含量的汽车赛事，F1 赛事拥有众多专业赛车队和赛车手，经过多年的发展，其竞赛制度、车队管理等体系已十分完善。F1 赛事极高的专业性对赛车手也提出了苛刻的要求，如体能、反应速度、策略组织等方面都非常优异的人才能胜任赛车手。比赛的激烈性和比赛结果的不确定性更使得成绩优秀的赛车手不可多得，因此造就了如舒马赫、汉密尔顿、莱科宁等明星车手。

排名第二位的关键词是"策略战术"，占比达到 14.96%。F1 赛事不仅是赛车的竞速，更重要的是加油量、进站次数、轮胎更换、队员配合等战术策略的较量，只有技高一等的战略战术才能在激烈的竞速中完成超越并最终取得胜利。F1 最经典的加油战术莫过于 2004 年法国站迈克尔·舒马赫执行的四次进站加油，让他实现逆转超车，拿下了自己本赛季的第 9 个分站赛冠军并再度称王。有车迷评论说："首先我们必须承认，倍耐力新的轮胎策略是非常成功的，一场比赛三套胎的选择让车队在不同 stint（赛段）的选择更多。而不同车队的不同选择明显造成了更多的超车机会［强队在 prime（硬胎）时会被弱队的 option（软胎）超车］，大大提升了观赏性。"

排名第三位的关键词是"车手表现精彩"，有 14.72% 的观众谈及车手表现使得比赛非常刺激精彩、激动人心。赛车手专业的表现为观众呈现了精彩绝伦的比赛，赢得了大批车迷，大大提升了 F1 世界一级方程式锦标赛的观赏性，年收视率更是高达 600 亿人次，与足球世界杯和奥运会并称"世界三大赛事"。车迷评论："今年真的比前两年精彩啊，起跑时混乱的事故就让人看得情绪高涨；汉密尔顿末位起跑，一路追到第七，表现已经相当不错了；莱科宁发生碰撞后受到很大影响，后面一而再再而三的精彩超车也是让人激动不已。"

排名第四位的关键词是"赛车轮胎"。轮胎在比赛中至关重要，其质量和性能对赛车表现有很大的影响，配合合适的进站换胎策略可以提高赛车手的成绩。有 9.89% 的车迷观众讨论了进站换胎策略、轮胎温度、爆胎等问题。有车迷观众评论说："总体来说，目前法拉利车队的轮胎适应能力稍好于梅（赛德斯）奔（驰），但中性胎的速度没有梅奔快；梅奔目前存在轮胎温度管理问题，但一旦轮胎温度适宜了，速度应该比法拉利快 0.3 秒左右，但貌似梅奔车不同轮胎速度差异不大。"

排名第五位的关键词是"比赛刺激"。F1 赛车的高速竞技、不同策略战术的组合、精彩的超车以及比赛过程中撞车等突发事件使得结果具有非常强的不确定性，共同呈现了一场场激烈刺激的比赛。7.84% 的车迷观众认同比赛竞争激烈，十分刺激。有车迷评论："……这次上海站乱到爆，精彩到爆，几乎每圈都有超车。""先说结论：作为莱科宁的车迷，这场比赛（2016）算是 2007 年 Kimi 神奇逆转以后，看得最爽的一次了。"

前五个关键词出现的总频次占到了前 20 个关键词的 74.79% 之多，充分反映了观众对赛事形象的认知停留在赛事本身上，F1 大奖赛的观赏性已使得其本身成为上海的旅游资源之一，在比赛期间吸引了大量车迷前往上海旅游。

5.2.2.3　F1 中国大奖赛的赛事情感形象

情感形象指的是人们对赛事的情感体验。在 F1 赛事中，观众普遍感到"兴奋""刺激""激动""精彩""难忘""情绪高涨"，这些构成了车迷观众对于 F1 赛事的情感体验。有观众评论："第一次现场观看 F1 比赛是一次刺激同时又令人兴奋的体验，第一天观看练习赛还因为忘记带耳塞差点被震聋。现场人声鼎沸，我们的座位在弯道附近，也就是最容易看到超车的点附近，事实上在比赛最后也看到了超车，真是不虚此行！周围的车迷情绪也非常高涨。相信大家一年之后可以再次在这里相聚。"在词频分析中，认为比赛刺激的占到 7.84%，还有 14.72% 的人认为车手表现十分精彩使比赛激动人心。可见，观众对于上海 F1 赛事建立了积极的情感体验。

5.2.3　赛事与城市耦合形象

5.2.3.1　F1 中国大奖赛赛事形象与上海城市形象的契合现状

形象耦合是指两个不同主体形象的相似性或者品牌联想的一致性。根据 Hallmann 和 Breuer 的研究，体育赛事与举办地城市在形象上存在的共同资产或者共同的形象联想所产生的结果就是二者的耦合形象（陈亮，2004）。

可见，根据观众和游客对赛事形象和目的地形象的感知是否存在相似性甚至一致性，可以将赛事形象和目的地形象的耦合结果划分为：耦合形象、非耦合赛事形象、非耦合目的地形象。其中耦合形象是指 F1 中国大奖赛赛事形象和上海城市形象耦合的部分，通过对比分析的方法，对表 5-3 中的 20 个关键词和人们对上海公认的城市形象进行对比。上海是国际上知名的集经济、金融、贸易、物流等功能于一身的开放型现代化大都市，具有优越的自然地理环境、温和的气候、丰厚的历史文化积淀，以及具有兼收并蓄、中西合璧特点的"海派"文化、举世闻名的万国建筑群和为都市增添异彩的新的城市标志性建筑、兼容传统和现代风尚的民风节俗等（王志宇、王富德，2005）。上海的城市形象在国内常与"文明现代""精致时尚""海纳百川"等属性关联起来，与上海 F1 赛事形象对比后，我们筛选出两者之间的耦合形象。

而非耦合的部分，根据形象的主体，F1 中国大奖赛和上海城市都有着自身鲜明的形象特点，这些形象特点是两者目前暂时不能达成共性和不能耦合的，因此又分为非耦合赛事形象和非耦合目的地形象。根据上述方法对比，我们整理得表 5-4，具体的耦合与非耦合要点在关键词内涵部分展示。

表 5-4　F1 赛事及目的地形象构成

主范畴	对应范畴	范畴内涵
耦合形象	国际性	国际性赛事；国际性大都市
	激动、兴奋	上海发达的经济和美景都让游客感到 兴奋和向往
	影响力大	世界三大赛事之一，具有很高的国际影响力； 中国经济中心
	可到达性	F1 作为世界顶级赛事，赛场交通便利； 上海作为中国发达城市，城市交通便利
	现场气氛	车手的精彩表现引爆现场气氛，车迷观众们 大呼精彩难以忘怀；上海生活节奏快、 经济发达、景色优美，让游客流连忘返
	比赛刺激	竞争激烈比赛刺激，观众大呼过瘾；上海市 经济发达、充满机遇，一些快节奏、丰富多彩 的生活让人们感到刺激、激动人心
非耦合 赛事 形象	明星车手/车队	知名车手、车队
	策略战术	加油量、进站次数、轮胎更换、队员配合等 战术
	车手表现精彩	使得比赛精彩刺激、激动人心
	赛车轮胎	进站换胎策略、轮胎温度、爆胎等
	票价	票价、购票、观赛区域
	赛车规则	加油策略等规则的调整，降低了比赛观赏性
	车迷（会）	车迷团体
	场地赛道	上海"上"字形赛道，传统文化和实用相结合
	纪录	比赛纪录
	工作人员	现场工作人员、志愿者
	上座率	上座率非常高，观众投入度高
	医疗急救—安全车	引导赛车、事故救援处理等
	赞助商	赛事赞助商家，中石化、瑞士银行等
	天气	比赛当天天气状况
非耦合 目的地 形象	自然景点	黄浦江、豫园、古镇等
	文化景点	迪士尼乐园、外滩、陆家嘴、环球金融中心等
	当地特色美食	上海"本帮菜"、小笼包、生煎、红烧肉、 各式海鲜等

5.2.3.2　F1赛事形象与上海城市形象的契合点

F1赛事的上海站比赛得以步入正轨，归功于F1赛事形象与上海城市形象的多个契合之处，如国际性、速度与激情、影响力大等。

（1）国际性

上海是中国的国际经济金融中心，是名副其实的国际性大都市，尤其自改革开放以来，随着中国的不断强大，上海也成为中国融入国际社会的先锋，在国际上具有极强的影响力。上海作为国际商务旅游城市，每年吸引着全球各地的商务旅游者集聚上海。而F1作为世界三大体育赛事之一，是一个不断吸引着世界各国顶尖赛车选手的国际性赛事，也是国际汽车运动联合会举办的最高级别的方程式赛车比赛，F1赛事每年规划17站至21站的比赛，在世界体育界具有较高的国际影响力。可见上海和F1中国大奖赛都有着极高的国际影响力，F1赛事上海站步入正轨也成了自然而然的事情。

（2）速度与激情

上海是一座发展迅速、日新月异的城市，有着全中国最快的生活节奏。生活在上海的各个阶层也早已适应这样的节奏，大家每天都充满激情和精力，经常处于忙碌之中，努力奋斗奔向更好的未来，在这座"魔都"里感受冒险和刺激。而F1赛事是赛车、音乐和时尚的结合，有着2秒的零到百千米加速能力，有着每小时400多千米的最高速度，是当之无愧的最快节奏的体育赛事，是"速度与激情"的最佳演绎。当F1和同样具有快节奏的上海发生碰撞时，激烈刺激的F1为原本就习惯于丰富多彩生活的上海车迷点燃了内心的热情和兴奋。

（3）影响力大

上海是中国一线城市中的佼佼者，作为中国经济最发达的城市，上海有着其他城市所没有的高规格的基础设施以及高规格的生活质量。而每辆赛车近千万美金的造价也是F1赛事为自己贴上高规格标签的资本，更不用说一个车队涉及的种种后勤的高规格。也只有F1这样高规格的比赛才能在上海这样一个高规格城市生根。

综上所述，F1赛事形象和上海城市形象的契合点主要体现在二者的情感形象上，源于观众对赛事及游客对上海的丰富情感体验，二者在国际性、兴奋性、刺激性和快节奏等各方面具有较多的共同体验，成为二者精神契合的主要方面。这说明F1赛事形象和上海城市形象的契合目前还停留在游客自发生成的契合阶段，目的地管理部门和赛事主办方均未想方设法积极地促进二者加深契合，充分发挥创意，策划一些活动或项目将 F1 赛事所蕴含的丰富体育精神与上海城市形象联系在一起，扩大上海的游客吸引面，尤其是提升上海对体育运动爱好者的吸引力。已有研究显示城市形象中增加体育精神内涵能够提高体育运动爱好者的城市出游倾向，体育运动爱好者尤其是专业车迷往往有着较强的经济支付能力。因此，借助举办 F1 赛事对上海"国际大都市"的总体形象产生巨大烘托作用，用 F1 中国大奖赛赛事精神丰富上海城市形象，有利于进一步促进上海城市建设和发展，对上海体育旅游的发展具有极大的益处。

5.2.4　F1 赛事形象和上海城市形象互动结合的对策建议

5.2.4.1　利用观众对赛事的认知形象丰富上海城市形象

对 F1 中国大奖赛赛事认知形象的分析结果显示，观众对大奖赛的认知主要是赛事本身，而体育赛事有着丰富的体育精神内涵，如"友谊第一，比赛第二""重在参与，永不放弃""更高，更快，更强"等比赛口号都反映了体育精神的团结、拼搏、交流合作等人文精神内涵。体育本身在人们的心目中往往就代表着健康、积极和美好，这些宝贵的精神和形象都可以用来丰富上海城市形象。

上海作为国际性大都市，无论在国际上还是在国内，其主要的形象都反映在其商务和度假观光上。上海营销主管部门应充分发挥创意，策划一些活动或项目将 F1 赛事所蕴含的丰富体育精神与上海城市形象联系在一起，在上海的城市形象中增加体育精神内涵，势必可以提高上海的国际吸引力，扩大上海的游客吸引面，尤其是提升上海对体育运动爱好者的吸引。

5.2.4.2　利用上海城市形象吸引力提升 F1 赛事吸引力

F1 中国大奖赛至 2018 年已在上海举办 15 届，历年 F1 中国大奖赛观赛人数如图 5-1 所示。2004—2018 年 F1 中国大奖赛观赛人数基本上呈现出"U"形走势：2004—2006 年，无论是参赛人数还是观赛人数都比较多，原因是这是 F1 中国大奖赛举办的前三年，举办方为了扩大影响力，有面向社会的官方赠票行为；2007—2014 年正赛人数基本稳定，总人数呈稳步的缓慢增加趋势；2015—2018 年正赛人数缓慢增加，而总人数则出现了缓慢下降趋势。由图 5-1 可知，F1 中国大奖赛吸引的观众都是专业的车迷群体，而车迷群体是一个比较固定的群体，无法使 F1 赛事吸引力辐射得更广。

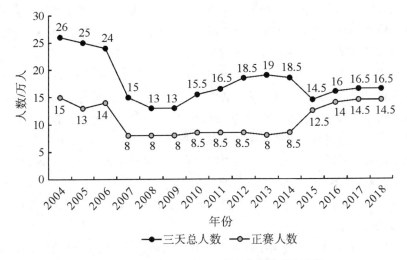

图 5-1　2004—2018 年 F1 中国大奖赛观赛人数

上海是一个有着较强吸引力的国际大都市，一年四季都吸引着来自全球各地的游客来访。F1 中国大奖赛本身的竞技性、观赏性和娱乐性使得其可以成为普通观众的吸引物，F1 中国大奖赛应充分利用上海国际大都市的形象吸引力，在赛前、赛中和赛后加强对上海其他游客的宣传和推广，提升其对非专业观众的吸引力，扩大其影响力。

5.2.5　F1 赛事的积极影响、消极影响和管理建议

5.2.5.1　积极影响

举办大型体育赛事可以对举办目的地的发展起到极大的促进作用，尤其是 F1 这样的世界知名体育赛事，对举办地的经济、旅游等相关方面的发展必然会起到一个积极的带动作用。上海国际赛车场的总体筹划方案中，列明了上海申办 F1 项目的六大使命——提升上海现代大都市的国际地位、带动上海市的城市建设、促进上海及全国汽车产业的发展、广泛开展汽车体育运动、发展旅游产业以及促进国际文化交流。

（1）F1 赛事对目的地旅游的影响

上海是国际知名的集经济、金融、贸易、物流等功能于一身的开放型现代化大都市，具有优越的自然地理环境、温和的气候、丰厚的历史文化积淀以及具有兼收并蓄、中西合璧特点的"海派"文化、举世闻名的万国建筑群和为都市增添异彩的新的城市标志性建筑、兼容传统和现代风尚的民风节俗等（王志宇、王富德，2005）。这些品牌在旅游方面有着强大的感召力和震撼力。

长久以来，上海依靠各方面的资源优势，坚持走城市旅游品牌路线。一个城市的旅游资源的吸引力与该城市在世人眼中的形象密切相关，举办大型体育赛事是向世人展现城市形象并借此提升城市影响力的良好契机。

首先，F1赛事作为世界车坛顶级的赛事，具有很高的影响力，全年比赛分布在世界多个国家和地区，这一赛事的知名度可以大大提升举办地的国际地位及城市整体形象。另外，F1赛事在上海举办，会将F1观赛人群纳入上海旅游客源市场，这将夯实上海旅游业发展的根基。F1赛事上海站比赛是上海六大知名品牌赛事活动之一，与其他上海代表性赛事活动相比，作为顶级车坛赛事的F1赛事并不逊色。举办F1赛事将对上海"国际大都市"的总体形象产生巨大的烘托作用，这会促进上海整体形象的提升，对上海体育旅游业的发展具有极大的好处。

其次，F1中国大奖赛的举办促使当地政府着力改善上海国际赛车场周边的生态环境以及基础设施。建设作为F1上海站比赛场地的上海国际赛车场时，上海国际赛车场所在的嘉定区清理赛场周边40多条大小河道，整个工程清除的淤泥量达57.8万立方米，累计47.3千米长的河道两岸将实现绿化44万平方米；赛车场周边关闭牧场17家，拆除破旧码头17座，关闭或搬迁企业30家。F1赛车场的建设还促使周边区域交通得到了极大改善。由于有20万人要在短时间内从赛车场疏散，政府有关部门制定了一个详细的交通预案（陈亮，2004）。上海市政府进行的上述整治活动，不仅为F1中国大奖赛的平稳生根提供了肥沃的基土，也改善了上海的旅游投资环境，进而吸引了更多的工商企业投入到上海旅游设施的建设中来。F1中国大奖赛的举办为上海带来了更完善的旅游基础设施，也使上海拥有了一个更好的旅游环境，这些方面的进步都使上海旅游业的发展上了一个更高的台阶。

最后，F1赛事有助于推动旅游产品开发和丰富。F1赛事在中国举办对国内车迷群体的成熟发展起到了关键作用，这一群体目前已趋于成熟，并保持稳定发展，由此，F1赛事将为上海带来巨大的赛车旅游客源。F1带来了开发现代工业旅游如汽车工业和体育旅游的新契机。赛事期间，许多旅行社围绕上海F1大奖赛设计出了许多独特的旅游路线。如春秋旅行社、上海中青旅、大众旅行社在打造以F1大奖赛中国站为主题的"观赛+旅游"产品时，大大地更新及提升了旅游产品、旅游路线，丰富与完善了上海旅游的产品类型，提升了上海城市旅游业的营销、管理水平与服务质量，努力将F1赛车文化与城市旅游融合起来。

（2）F1 赛事对举办城市发展的影响

首先，F1 赛事举办有助于展示投资环境。F1 赛事可以为举办地吸引来自世界各地的目光，并且由此带来的长时间、高密度的众多媒体的宣传将向世人展现上海多面"国际大都市"的形象。而上海国际赛车场优良的基础设施建设也可以向世界展示改革开放和现代化建设的成就，展示巨大的商机和良好的投资环境，让世界进一步了解中国、了解上海。

其次，有助于增加就业机会。一场大型赛事的举办可以为目的地带来一个崭新的产业发展，由此带来的是众多的就业机会。F1 赛事的举办也为上海带来了新的就业机会，赛车场赛道建设、赛事组织、人员接待、设施维护、治安保卫、环境卫生、绿化养护、水、电、交通、通信、修理等行业，以及游客住宿、就餐、旅游、购物、休闲、娱乐等（吕兴洋、邱玮、刘祥艳，2016），F1 赛事的举办为上海带来的是数千个直接的就业岗位。就业作为一个重要的经济数据，更能受益于 F1 赛事的举办，和奥运会、世界杯足球赛一样，F1 赛事为举办地创造的就业机会是不可忽视的。

最后，有助于促进区域经济发展。F1 中国大奖赛的举办不仅仅是上海一座城市的事情，大奖赛所带来的积极效应也不仅仅由上海享受。全国各地尤其是长三角地区应深耕"大旅游"的方向，通过各方面的合作，努力实现 F1 中国大奖赛在上海的蓬勃发展，并共同享受发展带来的"蛋糕"。

5.2.5.2 消极影响

首先，F1 赛事的举办带来了环境问题。赛事举办期间，大量国内外游客、观众、记者和车手汇聚上海，易造成交通堵塞，且汽车尾气排放易形成空气污染，而且赛车的轰鸣声会有噪声污染，对周围居民和现场观众都造成了听觉冲击。上海的土地资源稀缺，但 F1 赛车场及周围配套设施的建造，占用了大量耕地。F1 比赛场地能容纳几万人同时观赛，观众所产生的许多废弃物垃圾易造成垃圾污染且不易清扫，大面积地铺设赛道路面也易对当地的气候造成小范围影响。

其次，F1 赛事的举办带来了价格上涨，加大游客的经济负担，也增加了旅游纠纷与投诉。F1 赛事举办期间，会出现经济过热的现象，例如赛事附近酒店及商品价格上涨，在带给酒店和旅游业巨大利润的同时，给游客增加了经济负担。而且赛事期间的本地旅游市场属于典型的"卖方市场"，游客人数激增，酒店房价的上涨和商品价格的上涨，增加了旅游纠纷和投诉，在 F1 大奖赛期间因订不到房而引起的纠纷和投诉不在少数。

最后，F1 赛事的举办使上海体育旅游人才供需矛盾突出。近年来，随着上海体育赛事旅游的发展，对旅游人才的需求也在不断增加，但目前针对体育赛事旅游专业人才的供给尚存在较大的缺口。急需的人才主要有以下两类：一类是旅游高端人才，另一类是一线基层应用技能型人才。引进和培养更多高素质、高水平的旅游人才是促进上海体育旅游业发展的重要一步。

5.2.5.3 管理建议

上海承办 F1 赛事不仅是一个机遇也是一个挑战，要努力让 F1 赛事可持续发展并为上海城市发展提供新契机，为上海注入新的城市发展活力和旅游发展契机。如何使 F1 赛事的消极影响最小化，是 F1 中国大奖赛对上海城市发展发生影响的重要一步。

（1）倡导全民环保旅游理念，开展旅游环境综合治理

对于汽车尾气排放的污染及巨大的噪声污染，应采取如在赛场外围种植可吸附噪声和烟尘尾气的各种植物，必要地段加装隔音墙等措施。注意加强交警及导引员配备，做好交通管制及疏通，配置交通信息咨询中心，减少交通拥堵情况。为减少废弃物造成的污染，应合理布置垃圾桶和厕所，设专门机构和人员负责环卫工作，及时打扫清理废弃物。人行道、停车场、小广场等地应尽量降低"水泥化"影响，提高场地的透气性，合理种植绿色植被。由于占用了大量耕地，政府及相关部门应发挥区位优势，在配套设施建设上大幅度"瘦身"。

（2）政府相关部门应当建立完善的监督与管理机制

对于 F1 赛事期间出现的各种旅游市场混乱的问题，可成立一个由上海市政府领导的专门的监督管理机构，统筹 F1 赛事、市场价格、旅游文化等方面的资源整合问题。机构内选调诸如体育局、市场监督局等部门负责人共同参与管理，针对赛事期间出现的酒店房价上涨、物价上涨、旅游纠纷等问题，采取专业对口的管理模式，从体制上解决赛事期间的市场乱象，以保证 F1 比赛在上海的正常发展，从而促进赛事对上海体育旅游发展的积极作用。

（3）高校、企业和政府部门应注重引进和培养高素质的体育旅游人才

旅游人才是旅游发展的关键因素，为抓住举办 F1 中国大奖赛机遇，大力发展体育旅游，必须要培养和引进一批高水平、高素质的体育旅游人才作为保障。在原本高校培养体育旅游管理人才的基础上，还可通过校企合作、政府扶持等形式开办体育旅游专业培训班，培养基层体育旅游人才，有针对性地了解上海的大型赛事文化，更好地为上海举办大型赛事活动做准备。

6 成都赛事名城建设研究

如今城市旅游业发达，但传统旅游景点趋同，其吸引力日渐下降，因此体验式的旅游活动渐受追捧。大型体育赛事为城市旅游业注入了新鲜血液，丰富了城市旅游内涵，提升了城市旅游吸引力。传统旅游旺季多与节假日紧密相关，而大型体育赛事一般在旅游淡季举办，赛事的举办调整了城市旅游淡旺季结构，优化了城市旅游资源的季节分配。成都市作为四川省省会城市，同时也是我国西部地区的中心城市，具有明显的赛事举办优势。为保证赛事的圆满举办，在赛事举办前期政府会加大赛事相关的基础设施建设。同时，为保证赛事参与者的城市旅游体验，政府也加大了酒店、餐饮和运动场地等配套服务设施的改造。相关基础设施建设也保证了赛事的顺利举办，提升了参赛人员的城市体验。同时，成都双遗马拉松、成都国际马拉松（2019 年更名为"成都马拉松"）、ATP250 成都网球公开赛等品牌赛事不仅使城市文化实力迅速提升，而且借助体育赛事文化逐渐形成成都市自身的城市文化形象，因此，可以为四川省其他城市举办赛事提供切实的案例借鉴。

6.1　成都赛事名城建设研究背景

6.1.1　成都市经济发展状况

成都市作为成渝地区双城经济圈核心城市、国务院批复确定的中国西部地区重要的中心城市，随着改革开放的发展和经济发展战略的实施，成都经济始终保持着总体稳定、稳中提质的发展态势。如图 6-1 所示，根据成都市统计局统一核算结果，2020 年，全市实现地区生产总值 17 716.7 亿元，比 2019 年增长 4.0%。分产业看，如图 6-2 所示，第一产业实现增加值 655.2 亿元，比 2019 年增长 3.3%；第二产业实现增加值 5 418.5 亿元，比 2019 年增长 4.8%；第三产业实现增加值 11 643.0 亿元，比 2019 年增长 3.6%。三个产业结构为 3.7∶30.6∶65.7。在民生福祉方面，近年来成都市人民生活水平稳步提升，居民收入平稳增长，

2020 年城镇居民人均可支配收入 48 593 元，比 2019 年增长 5.9%；农村居民人均可支配收入 26 432 元，比 2019 年增长 8.5%，城乡居民收入比缩小至 1.84∶1（四川省人民政府，2021）。成都经济的持续、稳定、健康发展，不仅标志着经济增长速度和产业结构的变化，而且也大大增强了城市宜居程度和居民幸福感，让城市发展更加有温度、市民生活更加有质感，这也为举办国际体育赛事提供了经济基础和物质保障，有利于提升赛事质量和水平。

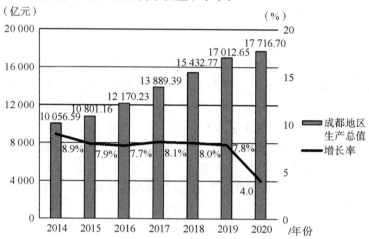

图 6-1　2014—2020 年成都地区生产总值及其增长率

数据来源：根据《国民经济和社会发展概况》［EB/OL］. http://www. chengdu.gov.cn/chengdu/rscd/gmjjhshfzgk.shtml 整理。

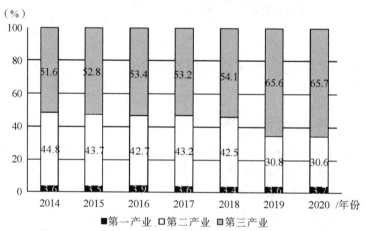

图 6-2　2014—2020 年成都市三次产业增加值占地区生产总值比重

数据来源：根据《国民经济和社会发展概况》［EB/OL］. http://www. chengdu.gov.cn/chengdu/rscd/gmjjhshfzgk.shtml 整理。

6.1.2　成都市文化发展状况

成都是中国十大古都之一、首批国家历史文化名城之一。作为古蜀文明的发祥地，成都的文明渊源深厚，文化遗产丰富，还有鲜明的地方特色。例如成都的语言文化、茶文化、戏曲文化、饮食文化、酒文化等都具有浓郁的地方特色，产生了如四川方言、川剧、川酒、川茶、川菜、蜀锦、蜀绣、四川盆景等独特的文化品牌。在历史文化资源上，以都江堰为代表的水文化中心，以武侯祠为代表的三国文化中心以及古蜀文化体系、中国诗歌文化体系、帝王陵寝文化体系、川西民俗与建筑文化体系、道教文化体系、佛教文化展示体系、红色革命文化体系的"两中心、七体系"将成都主要的历史文化资源全面地展示了出来，吸引了来自国内外的众多游客。

近年来，成都萃取天府文化精华，融合创意创新智慧，正将文化资源优势转化为文化创造和文化产业优势，创建了一批有国际影响力的文化品牌活动。例如中国成都国际非物质文化遗产节、原创音乐盛典、成都创意设计周、成都文化周、成都国际音乐诗歌节、中国互联网视听会议等。

以天府文化引领城市发展，世界文化名城建设持续推进，成都努力推广熊猫文化、三国文化、诗歌文化等具有鲜明地方特色的城市文化名片，倾力打造城市文化品牌，持续提升成都市的知名度和美誉度。2019年，成都市全年实现文化创意产业增加值1 459.8亿元，占地区生产总值的比重为8.6%（《2020年成都市政府工作报告》，2020）。《成都市文化产业发展"十三五"规划》提到，在"十三五"时期，将以全面提升城市文化影响力和文化产业竞争力为目标建设西部文创中心，构建现代文创产业体系，使文化产业成为成都市国民经济的新支柱产业（《成都市文化产业发展"十三五"规划》，2017）。成都文化产业的蓬勃发展，能够有效提升城市人文环境的质量，打造优良的城市文化环境，为促进体育赛事文化内涵的提升、与城市文化的融合发展提供了支持。

6.1.3　成都市体育发展状况

近年来，随着经济社会的全面发展，成都市体育产业迅速发展。如图6-3所示，2015—2018年，成都市体育产业发展结构日趋优化，运行质量不断提高，体育产业增加值平均每年以15%的速度递增，产业规模仅次于北（京）上（海）广（州）深（圳），居全国第五（成都市人民政府，2019）。2019年成都市体育产业总产值突破700亿元，体育休闲产业步入发展快车道（《中国体育报》，2020）。目前，成都正全力打造世界赛事名城，提出"以赛谋城、以赛兴业、以赛惠民"理念，系统谋划构建赛事体系，延展创新赛事经济，促进城市消费，构建可持续发展的体育产业生态圈，推动成都体育产业实现高质量发展。2018—2020年，成都共举办67项国际体育赛事。成功举办了第十八届世界警察和消防员运动会，成功申办2021年世界大学生夏季运动会、2022年世界乒乓球团体锦标赛、2025年世界运动会，成为2023年亚洲杯足球赛承办城市，成都马拉松成为中国首个世界马拉松大满贯候选赛事。在体育市场情报服务商Sportcal 2019年4月发布的全球赛事影响力（GSI）城市榜单里，成都已经从第89名跃升至第28名，仅次于北京和南京，位列中国第三。成都赛事名城建设成效明显，成都体育产业正迎来历史发展机遇。

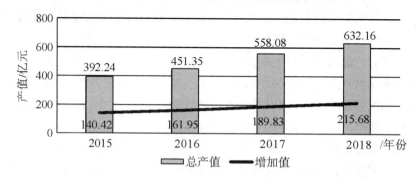

图6-3　2015—2018年成都市体育产业总产值及增加值

数据来源：根据《成都市体育局2015—2018年工作总结》［EB/OL］. http://cdsport.chengdu.gov.cn整理。

成都市政府高度重视体育产业，相继出台相关政策法规，为成都市体育产业的发展创造了良好的环境。2017年，成都市体育局紧随时代脚步，出台了《成都市体育发展"十三五"规划》，指出了成都市体育产业发展面临的主要矛盾和问题，明确了成都市未来在全民健身引领城市、国家竞技人才基地城市、体育产业发展特色城市、国际体育赛事名城、足球改革发展、体育文化品牌名城、市域公共体育设施全覆盖等方面的发展目标（成都市体育局，2017）。2019年，成都市政府组织学习先进城市经验，研究制定印发了《成都市建设世界赛事名城　促进体育产业发展若干政策措施》，提出优化体育产业布局，促进体育产业集聚集群发展，提升体育公共服务能力的三大重点任务，并设立促进体育发展专项资金，对品牌赛事、职业俱乐部等给予扶持，支持体育新经济发展（成都市人民政府，2019）。2019年8月，国家体育总局召开建设世界赛事名城暨"三大赛事"动员大会，发布《世界赛事名城赛事培育和体育产业发展行动计划（2019—2021年）》，提出"力争到2025年，打造10

个以上国家级体育产业示范基地，全市体育产业总规模达到 1 500 亿元，力争到 2035 年把成都建设成为体育场馆全国领先、体育赛事国际知名、体育产业高度发达、体育资源辐射全球、体育健身蔚然成风的世界赛事名城"的发展目标（国家体育总局，2019）。成都市如火如荼的"世界赛事名城"建设，有助于促使成都未来承办、举办的体育赛事迈上更高的台阶。

6.1.4 成都市旅游发展状况

作为中国最佳旅游城市，成都不仅被万事达卡国际组织评为 2017 年全球 20 个最具活力旅游目的地榜单的第二名，还被联合国教科文组织评选为亚洲首个"世界美食之都"。目前，成都已成为外国游客最喜爱的中国 5 大入境城市之一，同时也成功入选全球第一旅游评论网站"猫途鹰"发布的 2019 年"旅行者之选"中国最佳目的地，成为唯一入选美国 CNN 发布的"一生必去 50 个地方"的中国城市。成都所获得的多项称号，无一不在彰显其城市旅游产业的蓬勃发展。

成都市人文底蕴深厚，旅游资源丰富，名胜古迹众多。成都不仅拥有杜甫草堂、武侯祠、金沙遗址、文殊院、青羊宫等充满鲜明历史标记的人文旅游资源，还同时拥有 3 项世界遗产：都江堰—青城山世界文化遗产、四川大熊猫栖息地世界自然遗产、都江堰水利工程世界灌溉工程遗产。近年来，成都围绕世界文化名城和世界旅游名城建设，文旅产业生态圈发展路径逐渐清晰，产业消费活力不断被激发，城市品牌影响力不断提升，获评首批国家文化和旅游消费示范城市，都江堰市、崇州市、锦江区被评为国家全域旅游示范区。具体来看，成都市已成功举办成都熊猫亚洲美食节，城市音乐厅、露天音乐公园等城市休闲旅游设施也相继建成。天府艺术公园、成都自然博物馆、四川大学博物馆群等文化地标，东华门、宝墩、邛窑等大遗址保护和国家考古遗址公园，成都音乐坊、文殊坊等"八街九坊十景"重大项目，熊猫古镇·理想新城、中旅熊猫免税度假区等文旅项目正在加快推进之中。

据统计，2019 年全市旅游总人数 2.6 亿人次，比 2018 年增长 15.2%，其中，入境游客 381.43 万人次。实现旅游总收入 4 663.5 亿元，比 2018 年增长 25.6%（《成都日报》，2020）。成都市政府还出台了《成都市服务业发展 2025 规划》强调应进一步强化成都旅游门户功能，对接旅游国际化标准，深化跨区域旅游合作，以旅游业态多元化、旅游服务精品化、品牌建设全球化加速融入国际旅游市场产业链，将成都建设成为一个与国际市场接轨，具有中国示范意义、独具成都城市生活特质的世界旅游目的地城市（四川省人民政府，2016）。

6.1.5　成都赛事名城建设的纵深推进

2019 年 8 月，成都召开建设世界赛事名城暨"三大赛事"动员大会，标志着成都市迎来世界赛事名城建设的黄金期，通过"谋赛"实现"谋城"已成为成都向纵深化建设世界赛事名城、加快成都国际化进程的必然选择。承办国际赛事可以连接全球高端要素资源、抢占世界城市网络关键节点，把赛事的国际影响力持续不断地转化为城市的全球影响力，最终实现以赛事促发展。然而，在冲刺世界赛事名城的关键时期，如何充分发挥体育赛事的乘数效应和边际效应，通过赛事名城建设的"纵深化"发展实现"为城扬名"，将体育运动的活力深度融入城市发展的血脉，提升成都的城市品牌价值和国际影响力，还需深入探索。对此，城市形象研究中的"品牌化"理念为成都赛事名城建设的纵深推进提供了一个行之有效的途径。实施品牌化策略，有助于全面解析品牌化对成都市建设世界赛事名城的助推作用，探索成都赛事名城建设的品牌化发展路径，进一步向纵深推进成都市世界赛事名城建设，提高城市的整体能力，实现城市发展能级的跃升，助力成都顺利从城市的"赛事黄金期"过渡至"发展黄金期"，从成都现在承办的、具有代表性的赛事上汲取营养，充分借鉴先进经验，为促进成都赛事名城"纵深化"发展的工作实务提供科学的对策建议。

为此，本章对成都市已经举办和即将举办的不同等级、不同类型的体育赛事进行全面调研，分析体育赛事与成都的城市发展、目的地形象的耦合情况，在充分了解成都赛事名城建设现状的基础上，精准识别成都从"赛事黄金期"向"发展黄金期"转换所面临的问题与挑战。

6.2　成都双遗马拉松的赛事形象研究

6.2.1　成都双遗马拉松简介

成都双遗马拉松（Chengdu WNCH Marathon）由成都市体育局、都江堰市政府和成都双遗马拉松赛事有限公司联合主办，在 2018 年被评为中国田径协会铜牌赛事，是成都地区最具有代表性的全程马拉松赛事。成都双遗马拉松是首个连接世界文化遗产和世界自然遗产的马拉松赛事，赛道串联都江堰、青城山、大熊猫繁育基地等著名景观，在国内马拉松参赛者中享有巨大的声誉，在品牌建设与塑造成都形象上已经取得巨大成功，成了宣传成都的一张名片。过去几年，成都双遗马拉松吸引了大量外地跑者参与（见图6-4）。2016年，四川省内报名人数为17 077名，在总人数中占57%；到2017年，省外选手超过五成，占比达58%；2018年的报名数据显示，省外参赛者的数量占比上升至60%，省外的报名者集中在北、上、广、深四地。来自北京的跑者达1 627人（见表6-1）（华西新闻，2018）。本研究选取成都双遗马拉松作为案例赛事，一方面在于成都双遗马接松赛事践行赛事旅游原则，将体育与文化、旅游三大元素完美融合，在赛事的品牌建设上具有独创性与可借鉴性，能为国内其他马拉松赛事与举办城市发展耦合研究提供参考的依据；另一方面众多的参赛者为研究提供了大量易获得的数据，有助于保证分析的准确性与结论的可借鉴性。

图6-4　成都双遗马拉松赛事现场

图片来源：https://weibo.com/u/2568473005

表6-1　成都双遗马拉松参赛人员、分布及相关旅游

年份	参赛人数	参赛选手分布	旅游业
2018年	全程8 622人 半程16 578人 乐跑4 733人 加上特邀及冠军赛选手共计 29 933人	四川省内报名人数在总人数中占57%，省外参赛者的数量占比上升至60%。省外的报名者集中在北、上、广、深	

表6-1(续)

年份	参赛人数	参赛选手分布	旅游业
2017 年	近三万人	四川省内选手占比 42%，省外选手占比 58%	周末两天，都江堰接待的来自全国各地的游客超过 21 万，都江堰市区酒店饱和度高达 97%。中兴镇、青城人家这些远离都江堰市、远离赛场 20 千米左右的边缘景点，也随处可见省外的车牌，以及背着参赛包、穿着运动服吃烧烤、买水果的人
2016 年	共计 29 959 人	四川省内报名人数有 17 077 名，在总人数中占 57%；省外报名人数 12 882 名，占比 43%，其中，外籍和中国港、澳、台选手 420 名，来自 17 个国家和地区	比赛当日 7.6 万人涌入赛区。融合了秀丽的自然风光和道教文化的青城山，成了大家的首选之地，游览青城山的人口占据总流入人口的 29%

6.2.2 成都双遗马拉松的积极效应

6.2.2.1 增加经济收入，优化经济结构

近年来成都双遗马拉松赛事的参赛人数高达 3 万余人，数万参赛人及其陪同的家属、朋友共同涌入成都市。从表6-1 可以看出，成都双遗马拉松能够明显拉动成都的经济增长。参赛人员中，来自四川省外的参赛者比例高达 60%，与这些省外参赛者相关产业的消费覆盖范围广泛，涵盖食宿、交通、购物、旅游等诸多方面。总体而言，成都双遗马拉松促进了城市第三产业尤其是旅游业的发展，拉动了省内消费，增加了经济收入。

以旅游业为例，从表6-2 中可以清楚地看出，成都市在赛事准备阶段和举办期间的旅游人数和旅游收入都有较大的提升。成都市国内旅游人数从 2014 年的 18 423.02 万人次增加到 2016 年的 19 756.48 万人次，旅游收入从 2014 年的 1 616.95 亿元增加到 2016 年的 2 425.58 亿元。从平均增长速度来看，在没有举办马拉松赛事的 2014—2015 年期间，成都市国内旅游人数的平均增速为 2.61%，收入增长 369.62 亿元；在赛事举办期间，国内旅游人数的平均增速达到 4.5%，收入增长 439.01 亿元。很显然，成都市双遗拉松赛事的举办促进了旅游业的发展，同时也增加了成都市的收入。

表 6-2　2014—2016 年成都市国内旅游人数及收入

年份	国内旅游人数/万人次	国内旅游收入/亿元
2014	18 423.02	1 616.95
2015	18 903.52	1 986.57
2016	19 756.48	2 425.58

再看成都市 2014—2016 年三次产业比重的变化，如表 6-3 所示。第一产业的比重比较稳定，在 3.6% 左右波动；第二产业规模缩小，占比持续下降，共计 1.8 个百分点；第三产业比重持续上升，从 2014 年的 51.6% 提升至 2016 年的 53.4%。值得关注的是，在举办成都双遗马拉松的 2015 年、2016 年，第三产业的增长速度均达到 9.0%，超过未举办马拉松的 2014 年。总体而言，在举办马拉松的 2015—2016 年，成都市第三产业所占的比重在不断增加，产业结构不断优化，且增长速度超过同期水平。

表 6-3　2014—2016 年成都市三次产业比重及增长速度　　单位:%

年份	三次产业构成			增长速度		
	第一产业	第二产业	第三产业	第一产业	第二产业	第三产业
2014	3.6	44.8	51.6	3.4	3.4	8.6
2015	3.5	43.7	52.8	3.9	3.9	9.0
2016	3.9	42.7	53.4	4.0	4.0	9.0

综上所述，成都市在举办双遗马拉松赛事期间，旅游业得到快速发展，旅游收入更是年年攀升，产业结构得到优化，可以说在一定程度上实现了政府借助马拉松赛事推动城市发展的目标。

6.2.2.2　增加就业，提升居民综合素质

马拉松赛事对城市就业的影响主要分为短期影响和长期影响。从短期来看，马拉松赛事举办期间需招聘大量的工作人员。仅从 2018 年成都双遗马拉松的数据来看：11 个工作组、122 名裁判员、3 200 名志愿者、23 个固定医疗站、70 个医疗点、6 500 名安保人员。可以看出，赛事在短时间中提供了大量的就业岗位，吸纳了近万人的就业人口。从长期来看，马拉松赛事的相关产业体育用品行业、健身健美业、体育旅游业等行业的蓬勃发展同样需要招收大量的从业人员。因此，不论在赛事举办之前还是之后，都能够直接或间接地带动社会就业率的提升（马庆斌、韩恒，2004）。

此外，在马拉松赛事举办期间，人们走上赛道或观看比赛，可以在无形中

发泄生活中积压的负面情绪，身心都得到放松和享受（鲍明晓，2010）。尤其是成都马拉松赛事设立了乐跑、健康跑等特色项目，人们在比赛当中拉近了彼此的距离，增添了趣味性。尤其是，大量媒体的宣传，可以培养民众的健身意识，进行体育锻炼，提升群众的综合素质。

6.2.2.3 推进城市建设，提升城市形象

一般来说，网络信息流的捕捉是交由搜索引擎完成的。为此，本研究借用百度搜索引擎提供的"百度指数"服务，通过"用户关注度"来反映体育赛事对城市影响力的影响。

首先，分别使用"成都双遗马拉松""都江堰""青城山"这三个关键词进行对比检索百度指数，得到统计数据如图 6-5 所示。从图 6-5 中可以看出，整体上讲，"成都双遗马拉松""都江堰"表现出强烈的相关性，这是因为成都双遗马拉松的举办地在都江堰，带动参赛者进一步关注都江堰景区。从前部分的跑记分析也同样可以看出成都双遗马拉松对参赛者的景区诱导作用。因此，我们可以得出这样的结论：在赛事举办期间，赛事对提升城市影响力的作用不断增大，这也是城市借助赛事展示形象的绝佳窗口期。

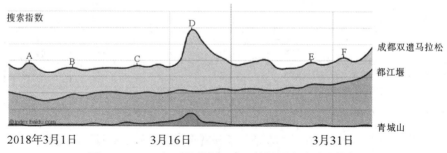

图 6-5　2018 年 3 月成都双遗马拉松百度关注度指数

6.2.3　数据来源与分析方法

学界对于品牌形象的构成维度有多种划分方式，但最广为人接受的是将其划分为认知形象和情感形象两个维度。认知形象是指个体对特定的体育赛事或目的地持有的信念或知识，情感形象是指个体对目的地的主观感受。根据以上定义，本研究同样将与赛事和办赛城市相关的信念或知识的词语归为认知形象，将涉及参赛者和旅游者情绪和心理感受的词语归为情感形象（刘佳敏、吕兴洋、刘祥艳，2016）。词频分布结果如表 6-4 所示。

表 6-4　2016 年成都双遗马拉松跑记分析结果

体育赛事评价			城市发展评价		
维度	关键词	词频/次	维度	关键词	词频/次
赛事专业性 127次（11.3%）	马拉松	63	城市地理 479次（42.6%）	成都	114
	半马	22		都江堰	104
	全马	12		青城山	55
	赛事	7		宽窄巷子	31
	计时芯片	4		乐山大佛	24
	赛道	4		金沙博物馆	18
	跑鞋	3		宝瓶口	15
	排酸	3		川西坝子	13
	坡道	3		古城	12
	兔子	3		锦里	12
	计时	3		南桥	12
比赛现场 36次（3.2%）	热情	8		凤凰体育场	12
	集结	7		岷江	10
	加油	7		萝卜寨	9
	奔跑	6		峨眉山	8
	鸣枪	2		汶川	7
	壮观	2		二王庙	5
	崎岖	2		灌县	5
	人山人海	2		内江	5
赛事服务 10次（0.8%）	报名	6		春熙路	4
	安全	2		伏龙观	4
	保险费	2	举办城市评价 88次（7.8%）	酒店	57
赞助 17次（1.5%）	熊猫奖牌	11		环境	8
	珠宝	2		历史	9
	主办方	2		建筑	7
	组委会	2		文化	7
入场与起跑点 14次（1.2%）	起点	9		机场	15
	安检	3		公交	13
	拥堵	2		打车	11
参赛人员 34次（3.0%）	朋友	11	交通出行 76次（6.6%）	共享单车	11
	选手	11		飞机	8
	跑友	7		停车场	7
	伙伴	4		城铁	6
	学生	3		观光车	5
	运动员	3		熊猫	66
	爱好者	2		火锅	13
	志愿者	2	城市特色 99次（8.8%）	美食	8
	轮椅选手	2		川剧	4
天气情况 14次（1.2%）	太阳	4		茶馆	4
	空气	3		串串香	2
	天气	3		鸳鸯锅	2
	日照	2	历史名人 13次（1.2%）	李冰	7
	暖暖的	2		大禹	4
赛事总体评价 49次（4.4%）	方便	8		秦昭王	2
	热情	8		喜欢	13
	特色体验	8		感谢	12
	舒服	6		推荐	12
	美好	5	情感形象 69次（6.1%）	一般	12
	美丽	4		遗憾	9
	完美	4		期待	5
	积极	3		幸福	3
	快乐	3		休闲	3

6.2.4　成都双遗马拉松的赛事形象与城市形象

6.2.4.1　认知形象

通过对成都双遗马拉松关键词集进行分析，可以发现参赛者对双遗马拉松认知形象呈现长尾分布（见图6-6）。从词频分布图来看，参赛者对马拉松的认知形象比较集中，认知形象曲线在第40个词之后逐步趋近平滑，形成大量的热门词，在尾端还形成独有的低频词。为了保证研究的准确与全面，在认知形象分析中，不仅对热门高频词进行分析，还选取某些独有低频词，进行进一步补充分析。

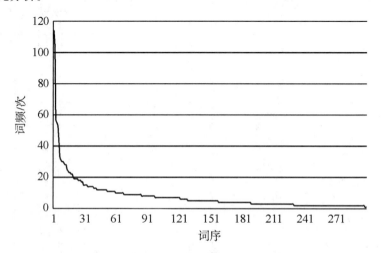

图6-6　参赛者对马拉松认知的长尾分布

认知形象是参赛者对赛事的认识，按维度的重要性与内在相关性，本研究选定关键词集含关键词62个，聚合成14个维度，其中有12个维度属于认知形象，1个维度属于情感形象，1个维度属于总体形象，按照体育赛事评价与城市发展评价两类分别进行分析。

跑记真实地、深刻地记录了参赛者与体育赛事有关的内容，记叙详尽，涵盖体育赛事的各个方面，形成了丰富的对成都双遗马拉松赛事的形象感知。体育赛事形象认知包含8大维度，其中7个为认知形象，1个为总体形象。

（1）体育赛事专业性。在对体育赛事进行评价时，赛事专业性词占比最多，共计11个关键词，占总词频的11.3%。其内部可以分为：①赛事项目专业。"全马""半马"等词出现多达34次，主要考虑到成都双遗马拉松作为西南地区富有影响力的体育赛事，竞赛项目包括全程马拉松（42.195千米）、半程马拉松（21.097 5千米）。高频词的出现，标志着赛事的高专业化、高竞技化得到参赛者的一致认同。②参赛人员专业。设置"兔子"的目的主要是帮助其他参赛者了解自己的速度，顺利完赛。"排酸"是指在马拉松结束后，需要进行一段时间的慢跑，分解肌肉中的乳酸，减轻赛后酸胀感。参赛者在参赛时与完赛后，需高度关注身体机能变化，表明参赛选手的高度专业化，具有丰富的参赛经验。③技术专业。这个最直接地体现在计时的准确性上。"计时""计时芯片"关键词的出现，标志者赛采用先进的计时技术，最大限度地保证比赛成绩的准确性，树立了成都双遗马拉松公平、高技术性、高专业度的认知形象。

（2）体育赛事的社交性。成都双遗马拉松的参赛人员具有多元化的特点。有关参与者的关键词共有9个，占总词频的3.0%，这也表明了参与人员的年龄、职业跨度大，有"学生""运动员""志愿者"等。尤其值得关注的是，参赛人员具有高度的社交性。体育赛事不仅具有竞技性，还提供了社交平台，"跑友""朋友""伙伴"等关键词表明参赛人员不是孤立地参与比赛，而是组成一个社交圈，呈现出高社交性。此外，公益形象也在体育赛事中得到关注，"轮椅选手"给参赛者们留下深刻印象，有助于塑造赛事公益性的形象认知。

（3）气候适宜。2015年成都比赛当天（2015年3月27日）的天气情况为阴，气温为15℃~22℃，白天北风小于3级。对于长时间剧烈运动的参赛人员来说，阴凉的天气更加有助于排汗，体感舒适。良好的天气情况有助于提升参赛者对体育赛事的形象认知（见图6-7）。

（4）比赛现场热烈。作为西南地区富有影响力的体育赛事，成都双遗马拉松吸引了大量省内外的体育爱好者们。2015年，参与者包括全马5 586人、半马8 915人，余下为5千米乐跑和10千米健康跑人数。数万人"集结""奔跑"，自然是"人山人海"，给参赛者留下"壮观"的感受。"热情"的加油声也进一步巩固了热烈、激情的赛事形象认知（见图6-8）。

图 6-7　成都双遗马拉松比赛当天适宜的气候

图片来源：https://weibo.com/u/5421430792？refer_flag＝1001030103_&is_all＝1.

图 6-8　成都双遗马拉松热烈的现场氛围

图片来源：https://weibo.com/u/5421430792？refer_flag＝1001030103_&is_all＝1.

（5）赛道设计不完美。成都具有独特的地理风貌，丘陵较多，地面起伏较频繁。在赛道的设置上，"坡道"被提及 3 次。成都双遗马拉松的赛道途经都江堰、南桥、青城山等地，坡道较长，仅仅青城山后 25 千米就有 2 千米的陡坡，海拔提升 300 多米，被称为"魔鬼坡道"，对于参赛者是一个极其巨大的挑战，容易造成肌肉拉伤、膝盖损伤等问题。

（6）入场与起跑点的秩序不佳。成都双遗马拉松项目多，包括全马、半马、乐跑、健康跑四大项目。不同项目的参赛者很难准确地找到自己的入场点，数万人的集聚也导致了检录的混乱，导致安检耗时过长、起跑拥挤等问题，引起了参赛者不满意。

6.2.4.2 城市形象感知

本次研究关注到：在跑记中，参赛者不仅记录了与体育赛事有关的内容，还记录了与成都相关的其他交互体验的感受，形成了丰富的成都总体城市形象感知。形象认知包含6大维度，其中5个为认知形象，1个为情感形象。

（1）城市旅游资源丰富。成都独特的地貌与悠久的历史文化，为成都带来丰富的旅游资源。在跑记中，与成都有关的旅游景点关键词有21个，热门词占据总词频的42.6%，居第一位。"都江堰""青城山"由于处于赛事举办地，被提及次数最多。"宽窄巷子""乐山大佛""金沙博物馆""宝瓶口""川西坝子"等传统景点紧随其后。参赛者在参与成都双遗马拉松赛事的同时，也被成都独具魅力的旅游资源吸引了，对成都美景关注颇多。相应的，成都优越的旅游资源造就了成都"旅游之都"的形象认知（见图6-9）。

图6-9　成都双遗马拉松途经的青城山景区

图片来源：https://weibo.com/u/5421430792? refer_flag = 1001030103_&is_all = 1.

（2）交通出行便捷。出行在外，交通的便捷程度是旅游者极为关注的内容。与交通相关的关键词占总词频的6.6%，关键词涵盖"公交""打车"（的士）"共享单车""飞机""城铁"等主流交通方式以及与交通相应的配套设施"停车场""机场"等。在跑记中，参赛者对成都的交通出行便捷程度表示肯定。尤其是地铁，据2018年10月7日成都地铁官网资料，成都地铁共开通6条线路，线路总长196.477千米，均采用地铁系统，共计136座车站投入运营（换乘站不重复计算），有14座换乘站（百度百科，2019）。便捷的交通带给参赛者愉悦的感知形象。值得关注的是，"共享单车"等绿色出行方式走入大众生活，被列为热门词。

（3）城市特色鲜明。成都作为"天府之国"，位于四川中部、成都平原腹地。盆地的独特地形使得成都具有鲜明的特色。与成都特色相关的关键词占总词频的8.8%，同时，热门词涵盖内容广泛，包含动物"熊猫"，美食"火锅""串串香"，风俗"茶馆""川剧"等。这些均令参赛者印象深刻。鲜明的城市特色对城市形象感知的形成具有明显增益效应（见图6-10）。

图6-10　成都双遗马拉松独具城市特色的奖牌

图片来源：https://weibo.com/u/5421430792？refer_flag=10010301

03_&is_all=1.

6.2.4.3　情感形象分析

赛事总体评价满意。参赛者对赛事表现出高度的认同，总体形象维度共计9个关键词，占总词频的4.4%。从内容上看，在总体评价维度中，"方便""美好"等正面情感词占据主流，参赛者普遍感到"愉悦"，称成都双遗马拉松为"特色体验"，说明参赛者与成都双遗马拉松已经建立了积极的情感认知。

参赛者对成都的评价的情感用词丰富，评价正面积极。正面情感词语除了"喜欢""幸福""感谢"等，还包括"推荐""期待"等。负面情感词语"遗憾"与"期待"一词紧密相连，表明产生情感的主要原因是旅游过程中某个景点、某种现象因为特殊情况而没有能够亲身经历，于是"遗憾"，并"期待"下次游成都时予以弥补。如："可惜太阳产房和月亮产房的窗帘都拉起来了，没机会看到刚出生的小熊猫，有点遗憾。说不定是因为去太晚了，熊猫幼崽都在休息了呢。"另外，有几篇跑记使用"一般"来表达对目的地的负面情绪，主要在于饮食不适应、服务不到位等。如："在江边上要了碗豌豆花，味道一般！期间，有过来给你采耳朵的，20元一次，弟妹就尝试了一下，看着不够专业，所以我们就没有试。几分钟之后，让人给按了几下脖子，要价40元，有点强迫消费的意思，不爽！赶紧结账让他走人！"总之，从参赛者的角度来看，对于成都的总体情感形象是积极正面的，当然也需要在服务规范等方面进一步提高。

6.2.5 成都双遗马拉松与重庆国际马拉松的对比分析

为了更直观、综合地了解成都双遗马拉松的赛事形象，识别成都双遗马拉松与其他国际马拉松在赛事形象上的异同，进而打造成都双遗马拉松较之于其他国际马拉松的差异化赛事形象，便于推动其差异化发展，故本研究选取重庆国际马拉松作为比较对象，将成都双遗马拉松与重庆国际马拉松的赛事形象进行全面的对比。选取重庆国际马拉松赛事的原因在于，重庆国际马拉松的举办始于2011年，集全国马拉松冠军赛、中国西部首个国际全程马拉松赛事等多项殊荣于一体。其拥有丰富的办赛经验，已经成功塑造了能够充分凸显重庆山城文化特色的独具一格的赛事品牌形象。重庆国际马拉松在塑造赛事形象方面的成功之处和不足之处，值得成都双遗马拉松赛事借鉴和思考。

以下将对成都双遗马拉松与重庆国际马拉松赛事的总体形象展开分析。总体形象的分析主要包括核心感知形象分析、次级感知形象分析。

6.2.5.1 总体形象的比较分析

笔者首先通过ROST CM6.0对成都双遗马拉松和重马的点评和跑记文本进行语义网络构建，以揭示其总体形象的结构特征，并结合上述有关成都双遗马拉松的分析结果，对两赛事进行总体感知形象的比较分析（分别见图6-11、图6-12）。研究表明：

（1）在核心感知形象层面，成都双遗马拉松的核心形象为赛道、风景、景区、都江堰、青城山、双遗、热情、很好等形象，而重马的核心形象为赛道、平坦、PB（个人最好成绩）、火锅、补给、美食、热情等形象，两者既有共性即"赛道"均为参赛者所感知最为深刻的认知形象，"热情"和"拥挤"均为两者的高频情感形象；同时又有其特性，即成都双遗马拉松参赛者感知更为深刻的是成都双遗马拉松的风景名胜（如都江堰、青城山等景区），而重马参赛者感知更为深刻的却是重庆的火锅等特色美食和重马的赛事组织、补给等形象。

（2）在次级感知形象层面，参赛者对成都双遗马拉松更多的感知形象体现在赛事的组织、路线、补给、医疗、志愿者等方面，对重马的感知形象也更多体现了与赛事服务、赛事体验等相关的形象，具体如组织、参赛包、跑友、天气等方面。值得注意的是，成都的城市标志"熊猫"也在这一层级才出现，而重马的城市标志"火锅"则出现在核心层级，这在一定程度上体现了重马在赛事定位上更为准确地传递出了城市的标志性形象。

图 6-11　语义网络图谱（成都双遗马拉松）

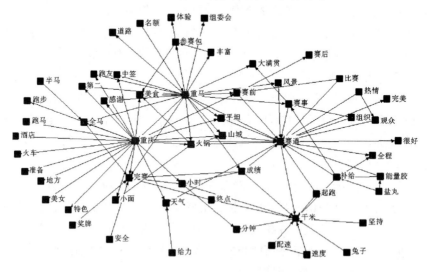

图 6-12　语义网络图谱（重庆国际马拉松）

为了更深层次地对比分析成都双遗马拉松与重马的赛事形象，本研究对庞杂的文本信息进行归纳演绎，依据扎根理论思路和方法，对感知形象进行三级编码分析（参见表6-5）。

表6-5　感知形象三级编码表（成都双遗马拉松&重马）

三级编码（核心式登录）	二级编码（关联式登录）	一级编码（开发式登录）
赛事属性形象	赛道设计	如赛道风景、路线设计、赛道路面等
	赛事组织	如赛前准备、分区方法、赛场秩序、人流疏导等
	赛事补给	如补给站、补给物资、水站等
	赛事氛围	如观众、跑者、志愿者热情度等
	赛事服务	如志愿者服务、医疗保障服务、后勤服务、厕所、酒店服务等
	安全保障	如安保人员、交通疏散等
城市属性形象	城市自然景观	如成都双遗马拉松"油菜花""熊猫""山水"等
	城市历史文化	如成都双遗马拉松"都江堰""青城山"等历史文化地标等
	城市人文特色	如"美女如云""火锅""美食""市民热情"等

研究发现：

（1）在三级编码（核心式登录）层面，成都双遗马拉松和重马的感知形象均分为两个类属——赛事属性形象和城市属性形象。

（2）在二级编码（关联式登录）层面，成都双遗马拉松和重马的赛事属性形象包括赛道设计、赛事组织、赛事补给、赛事氛围、赛事服务和安全保障6个方面，城市属性形象包括城市自然景观、城市历史文化、城市人文特色3个方面。

就赛事属性形象而言，成都双遗马拉松和重马两大赛事均给参赛者留下了良好印象，同时也均存在着不足之处。赛事的良好形象体现在：二者在赛道设计上表现均良好，如成都双遗马拉松在赛道风景上表现突出，着重体现在"风景优美"，而重马在赛道专业度上表现突出，着重体现在"适合创造 PB"；

在赛道氛围上，两赛事参赛者均多次提到了"热情"一词；在赛事组织、补给和服务上，重马则更被参赛者肯定。相较之下，成都双遗马拉松的赛事组织和服务则稍显不足，但总体印象仍不错。这是其对参赛者留下的良好感知形象表现，但成都双遗马拉松与重马的赛事形象同时也存在着一些不足之处。如参赛者对于两赛事的路段"拥挤"均多次提及，且在赛事的组织和补给上，也均存在着消极的感知形象。良好的赛事形象会给参赛者留下深刻且积极的感知形象，而消极的赛事形象则会给参赛者造成肤浅且消极的感知形象。总体而言，在赛事属性形象层面，重马的"双金"形象体现更为突出，在赛事专业度上较成都双遗马拉松更受到参赛者肯定。

就城市属性形象而言，成都双遗马拉松和重马两赛事感知形象不尽相同：成都双遗马拉松的"双遗"形象（世界文化遗产、世界自然遗产）表现更加突出，体现了城市的自然景观和人文历史；而重马的人文特色形象（美食，如"火锅""小面"）则表现更加突出。两者之间形成了城市属性趋异的发展现状，这也更有利于赛事之间的错位竞争，避免了同质化的激烈竞争。

6.2.5.2　成都双遗马拉松与重马赛事形象的共性和特性

本研究从成都双遗马拉松和重庆国际马拉松的感知形象维度出发，通过比较分析两赛事的感知形象网络文本大数据，发现成都双遗马拉松赛事与重马赛事的感知形象存在着共性和特性之处。具体表现为：

1. 赛事感知形象的共性

（1）认知形象的最高频感知形象均表现为"赛道"。最高频认知形象体现了参赛者对赛事感知最为深刻的形象所在，表明赛事的最大载体为"赛道"，赛道设计应当成为办赛方的首要关注点。

（2）情感形象具有高度相关性。"很好"和"拥挤"均为参赛者的高频感知形象。积极情感形象"很好"表明了大多数参赛者对于两大赛事的整体感知形象均为正面情感态度，而消极情感形象"拥挤"则体现了大多数参赛者对于两大赛事存在着共同的负面情感态度，均体现在赛道的"拥挤"方面。这将是办赛方需审慎思考和重点解决的一个赛事问题。此外，在赛事的组织、补给、服务等方面，两赛事也均在不同程度上存在着不足之处，这也是我国马拉松赛事整体面临的重要问题。

（3）总体感知形象均包括两大类：赛事属性形象和城市属性形象。其中赛事属性形象具体分为：赛道设计、赛事组织、赛事补给、赛事氛围、赛事服务、安全保障；城市属性形象具体包括：城市自然景观、城市历史文化、城市人文特色。

2. 赛事感知形象的特性

（1）赛事核心感知形象类属不同。在核心感知形象频次表中（见表6-6），重马的核心感知形象（词条数）比例为赛事属性形象：城市属性形象=4：1，而成都双遗马拉松则为赛事属性形象：城市属性形象=1：4。这表明参赛者对重马的感知更多为赛事属性形象，而对成都双遗马拉松的感知则更多为城市属性形象，比如成都、青城山、都江堰等。

（2）赛事属性形象具有专业度差异。重马在赛事专业度上获得了参赛者更多的肯定与赞扬，而成都双遗马拉松则在赛道设计、赛事组织、补给、服务等方面不及重马。究其缘由，重马属国际田联和中国田径协会所共同认可的"双金标赛事"，在赛事专业度上已经过严格的审核和评判，所以重马具有更高的赛事专业度，在实际的参赛者感知形象中，参赛者多次提到的"PB"也验证了这一点。

（3）城市属性形象呈现趋异化发展。参赛者对于重马的城市属性形象主要为"火锅"，这亦是其标志性的城市人文特色（美食）的重要体现。而成都双遗马拉松的城市属性形象则集中体现为"双遗"（都江堰和青城山），即其标志性的城市历史文化形象和城市自然景观形象。这种趋异化的发展增大了两赛事的文化距离，更有利于两者良好的竞争发展态势。

表6-6　核心感知形象　　　　　单位：次

核心感知形象（重马）	词频	核心感知形象（成都双遗马拉松）	词频
赛道	209	成都	114
火锅	95	都江堰	104
配速	91	熊猫	66
PB	89	马拉松	63
补给	86	青城山	55

6.2.5.3　结果讨论

通过对成都双遗马拉松和重马两大赛事的感知形象进行研究分析，可以发现两大赛事虽在地缘和时间上具有高度集中性，并且均属马拉松赛事，拥有着相同的马拉松文化属性和比赛形式，但仍然可以从多因素高度同质化的背后探索出其差异化的发展道路（见图6-13）。

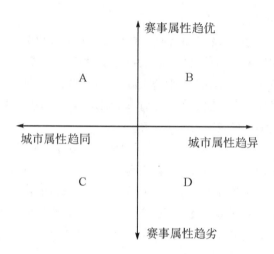

图 6-13　马拉松赛事差异化发展坐标轴

（1）赛事属性趋优。不同的马拉松赛事在赛事专业度上具有统一的评定标准，在赛事属性形象上存在的差异也主要体现为赛事专业度的差异。如重马的赛道平坦，陡坡较少，较之成都双遗马拉松更适合创造"PB"，同时重马在组织和补给上也获得参赛者更多的正面情感态度，这均体现了马拉松赛事在赛事属性上存在的优劣差异。所以在马拉松赛事中，赛事属性趋优可以在参赛者感知产生不同赛事的差异化体验，这是马拉松赛事的差异化发展道路之一。

（2）城市属性趋异。文化要素的空间非均衡性，形成了区域间两个文化之间的异质性，这种异质性可以用文化距离加以度量。在不考虑个人因素的前提下，旅游动机理论一般认为，文化距离越大，越能满足旅游者求新求异的需要，对旅游者的吸引力越强（马勇、童昀，2019）。同样的，因马拉松办城市存在的差异性，不同马拉松赛事在城市属性中也存在着文化距离，城市属性的差异化发展将会使文化距离增大，满足参赛者在参加赛事中求新求异的需求，形成不同赛事之间的良性发展态势。所以在马拉松赛事中，城市属性趋异同样是马拉松赛事的差异化发展道路之一。

需要注意的是，在对文本进行三级编码时，文本的数据量多少亦会影响实际编码形成的类属数量，如城市属性形象可能还会存在城市产业形象、城市卫生形象等方面形象，但数据量的有限性可能会使其无法体现。因此，在后续的研究中，增大文本数据量将会使得研究结果更为全面。同时将赛事的投射形象纳入研究之中，依据旅游形象传播的"投射—感知"理论和"认同—错位"理论将能够更为深刻地分析马拉松赛事的良性发展之路。

6.3　成都双遗马拉松赛事与城市发展耦合评价研究

成都双遗马拉松赛事与城市形象的定性分析，仅仅解释了赛事与城市发展之间的相互影响作用，但仍无法对两者之间的协调性做出评价。因此，本研究继续运用耦合理论，建立赛事与城市发展这一系统的发展水平模型、耦合度模型以及耦合协调度模型，在此基础上定量评价其双向协调作用，并且判断出协调的类型。

6.3.1　双遗马拉松赛事与城市发展的耦合性分析

6.3.1.1　政府的高度重视与政策扶持

近几年来，成都市政府高度重视体育产业的发展，制定了相应规划为体育事业发展保驾护航。在《成都市体育发展"十三五"规划》中，成都市政府提及"积极构建体育产业服务平台，引导培育体育消费，建好国家体育产业联系点城市""着力推进体育产业创新发展，推进成都（双流）国际体育产业创新创业孵化园建设；丰富成都温江国家体育产业基地建设内涵""探索设立体育产业发展引导资金""优化产业结构，促进竞赛表演业、健身休闲业、场馆服务业、体育培训业、体育旅游业等可持续、协调发展，重点打造体育文化品牌名城"等众多措施。在表 6-7 中，笔者整理了"十二五"期间成都市体育发展已经取得的喜人成绩，表明政府的高度重视对体育赛事的发展起着至关重要的作用。

表 6-7　"十二五"期间成都市体育发展取得的成绩

主要观测点	实施内容	取得的成绩
全民健身	进一步完善公共体育服务体系，全民健身蓬勃开展	组织全民健身活动 2 000 次/年；社会体育指导员人数 23 554 人；体育人口比例达到 45%
体育竞技	构建以特色项目、后备人才梯队、业余体校及各类学校相结合的竞技体育系统整合模式	成都运动员共获得奥运会和世界冠军 19 个，亚洲冠军 23 个，其中 2 名运动员打破 3 项次世界纪录

表6-7(续)

主要观测点	实施内容	取得的成绩
体育产业	以体育运动、健身休闲、竞赛表演和体育培训为主要带动力的发展模式日渐成熟，体育产业运行质量不断提高，产业结构更加优化	体育产业总收入年均增长速度16.2%；增加值年均增长32.3%；从业人数约6万人；体育彩票累计销量80.4亿元，年均增长8.4%，累计筹集公益金4.82亿元
体育文化	开通"运动成都"官方微博、微信订阅号、成都体育在线和实施"互联网+体育"工程，打造具有成都特色的体育文化品牌	"运动成都"成为成都体育文化的品牌"名片"，获得"推广太极拳杰出贡献奖"，成为"国家棋牌文化教育基地"
体育设施	加大政策和资金对体育设施建设的扶持	体育设施总计投资488 495万元，新增各类体育设施数7 401个，人均体育场地面积达1.79平方米
足球改革	以建设中国足球发展试点城市为契机，实施"成都足球十大行动计划"	完成20个具备独立法人资格的区(市)县级足球协会注册，自主创办国际品牌赛事"熊猫杯"国际青年足球锦标赛，常年参加足球运动的人口近300万，校园足球覆盖20个区(市)县127所学校，全年参与的学生人次达到200万
体育改革与法治建设	坚持依法治体、依法强体，全面深化体育事业改革	修订《成都市体育条例》，市属单项运动协会实体化改革稳步推进中

6.3.1.2 成都市经济持续发展

良性的经济发展是体育赛事市场发展的前提。成都双遗马拉松赛事作为西南地区较为知名的马拉松赛事，离不开城市经济的大力支持。如图6-14所示，2014—2016年成都市地区生产总值呈逐年上升的趋势（《成都市统计年鉴》，2019），即使受经济转型的影响，也能保持稳定的增长速度，在整个西部地区也属于发展较好的城市。良好的经济状况也成为开展马拉松赛事的稳固基石。

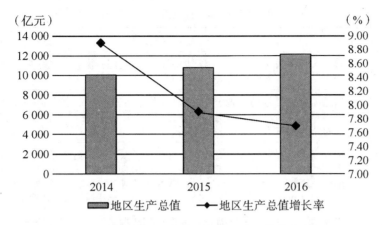

图 6-14　2014—2016 年地区生产总值及其增长速度

6.3.1.3　良好的城市自然环境

成都双遗马拉松拥有首个连接世界文化遗产（都江堰）和世界自然遗产（青城山）的马拉松赛道。青城山与都江堰于 2000 年作为文化遗产被列入《世界遗产名录》，包含都江堰市赵公山在内的四川大熊猫栖息地于 2006 年作为自然遗产被列入《世界遗产名录》。成都双遗马拉松半马赛道（见图 6-15）途经都江堰景区核心地带——鱼嘴以及大熊猫繁殖基地——熊猫谷，还经过青城山前山门——建福宫。赛道全程古迹众多、风景秀丽、空气清新，被跑友形容为"这是一场可以把人美哭的比赛"（成都双遗马拉松官网，2019）。

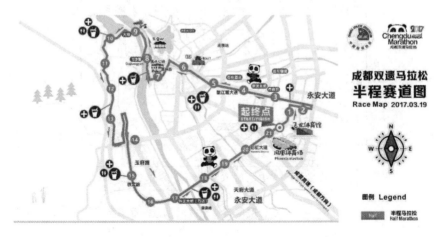

图 6-15　2017 年成都双遗马拉松半马赛事路线

表 6-8 列举了历年来成都双遗马拉松半马的比赛路线，可以发现赛道串联众多景区。运动员在跑步的同时，既能欣赏美景，又能感受到浓浓的文化气息。

表 6-8 2015—2018 年成都双遗马拉松半马比赛路线

年份	比赛路线
2015	彩虹大道南段（起点）—都江堰大道—宣化门—南桥—飞沙堰—鱼嘴—铁军路—彩虹大道—凤凰体育场（终点）
2016	凤凰体育场 1 号门（起点）—彩虹大道南段—都江堰大道—宣化门—幸福路—南街—南桥—复兴街—鱼嘴—都江村便道—磨儿滩水库—玉府路—岷江 1 号桥—彩虹大道南段—凤凰体育场 1 号门（终点）
2017	都江堰市彩虹大道南段凤凰体育场外（起点）—彩虹大道南段—都江堰大道（右转）—永安路口（折返）—都江堰大道—宣化门—幸福路—南桥—复兴街—鱼嘴—都江村便道—磨儿滩水库—G213 应急通道—赵公路—G213（折返）—铁军路—外江大桥—彩虹大道南段—飞龙体育馆（终点）
2018	飞龙体育馆（起点）—都江堰大道—都江堰景区—外江大桥—彩虹大道南段—飞龙体育馆（终点）

上述分析说明城市发展系统在城市体育发展相关政策、城市经济以及自然资源环境三个方面作用于马拉松赛事。而马拉松赛事对城市发展的作用机理则表现为增加城市经济收入、提升城市的社会形象和推动城市建设方面（刘润芬，2017），能为城市发展带来多方面的积极效应。由此可见，马拉松赛事效应与城市发展效应是彼此相互作用的结果。马拉松赛事与城市发展间的耦合关联性模型如图 6-16 所示。

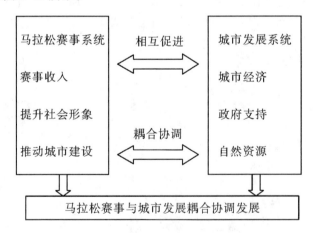

图 6-16 马拉松赛事与城市发展耦合关联模型

6.3.2 马拉松赛事与城市发展的耦合协调度模型

6.3.2.1 耦合协调度模型构建

耦合是物理学中的一种协调发展的现象，前提是必须要有两个或两个以上彼此相互联系的系统存在，方式是系统间不断磨合与影响，同时用定量的方法使这种现象具体化。另外，耦合度是一种体现两系统之间相互影响程度的指标。本研究所研究的成都双遗马拉松赛事系统和城市发展系统之间存在着相互影响、相互制约的关系。我们借用物理学中的耦合模型，构建成都双遗马拉松赛事与城市发展的耦合度模型，表达式见公式6.1。

$$C = \sqrt{(u_1 \times u_2) / (u_1 + u_2)^2} \tag{6.1}$$

在公式6.1中，C表示成都双遗马拉松赛事与城市发展的耦合度，$C \in [0, 1]$。C值越大，表示两系统之间的耦合度越大，相关性越强，系统发展越协调。u_1代表成都双遗马拉松赛事的发展水平，u_2代表城市发展水平。因此，u_1的大小即成都双遗马拉松赛事发展水平的高低，如果最终数值越高，则表明成都双遗马拉松赛事的发展水平越高。与之对应，u_2亦同u_1一样。

耦合度C的侧重点在于反映成都双遗马拉松赛事与城市发展这两个系统间相互影响的程度，在一些特殊情况下，往往缺乏真实反映两系统间作用效果的能力，或者说不能与两系统各自的发展水平相协调，可能会出现当成都双遗马拉松赛事u_1和城市发展u_2两者的数值都较小时，耦合度C的结果却高于u_1、u_2这种与实际情况不相符的现象。因此，为了避免这一问题的出现，更加真实地反映马拉松赛事与城市发展的协调发展程度，我们借鉴已有的研究成果，进一步构建成都双遗马拉松赛事与城市发展耦合协调度模型，表达式见公式6.2。

$$D = \sqrt{C \times T}，T = \alpha u_1 + \beta u_2 \tag{6.2}$$

在公式6.2中，D表示耦合协调，C是两系统的耦合度，T代表u_1、u_2综合发展水平，能够综合反映u_1、u_2的整体贡献。其中，α、β为待定系数，分别给α、β赋值0.6、0.4。城市发展作为马拉松赛事的主要驱动力，在整体贡献T中具有更大的权重；马拉松赛事不是决定城市发展的主要推动力，所以权重赋值更小。这种赋值方式得到了学界的广泛认可。

构建耦合协调度模型，是客观反映成都双遗马拉松赛事与城市发展系统间关系的有效方式，不仅可以成功地规避两系统发展水平较低却得出协调发展这一错误结果的局面，而且还能够全面地概括和总结出系统发展的现状。构建耦合协调度模型，耦合协调度的大小能够直观反映系统处于无序到有序的哪一个阶段，能够辨别系统协调程度以及协调性的优劣。其中 D 的数值越大，既可以说明成都双遗马拉松赛事与城市发展系统的发展水平越高，还可以说明其协调程度越高；反之，亦然。

6.3.2.2 耦合协调度的评价标准

由于耦合协调度的取值范围是 $D \in [0, 1]$，为了更方便地判断成都双遗马拉松赛事与城市发展协调处于何种等级，现将耦合协调度分为 10 个等级，如表 6-9 所示。

表 6-9 耦合协调度的等级划分标准

序号	协调度区间	协调等级	序号	协调度区间	协调等级
1	0~0.1	极度失调	6	0.500 1~0.6	勉强协调
2	0.100 1~0.2	严重失调	7	0.600 1~0.7	初级协调
3	0.200 1~0.3	中度失调	8	0.700 1~0.8	中级协调
4	0.300 1~0.4	轻度失调	9	0.800 1~0.9	良好协调
5	0.400 1~0.5	濒临失调	10	0.900 1~1	优质协调

6.3.3 成都双遗马拉松赛事与城市发展耦合关系测评指标

6.3.3.1 指标体系的构建及指标选取

前文已经论证成都双遗马拉松赛事与城市发展间存在着耦合关系，为了揭示两者之间发展的耦合强度与协调程度，现运用耦合协调度模型进行定量分析。

成都双遗马拉松赛事与城市发展是两个动态系统，构建两者的耦合评价指标体系需要结合当前的外部环境，从其自身的结构特点和内在的发展规律出发，运用多指标综合评价的分析方法，听取相关专家、学者的建议，在遵循指标体系构建原则（科学性原则、简明性原则、动态性原则、可操作性原则）的基础上，初步构建成都马拉松赛事与城市发展的评价指标体系，其中马拉松赛事系统指标包括 2 个一级指标（规模指数、关联指数）、5 个二级指标；城市发展系统指标包括 3 个一级指标（城市经济、城市社会、城市空间）、10 个二级指标。具体如图 6-17 所示。

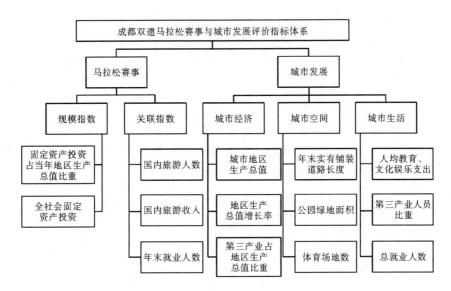

图6-17 成都马拉松赛事与城市发展耦合评价指标体系

在马拉松赛事系统中，规模指数包含当地社会固定投资与固定资产投资占当年地区生产总值比重。作为综合性指标，固定资产投资可以衡量当地政府对体育赛事的投入，这直接影响体育赛事的规模与质量水准。固定资产投资占当年地区生产总值比重可以更好地衡量赛事固定资产投资额所占的比重。关联指数包括国内旅游人数、国内旅游收入、年末就业人数，这三大指标可以间接衡量体育赛事对城市经济增长的促进作用。

在城市发展系统中，城市经济由城市地区生产总值、地区生产总值增长率、第三产业占地区生产总值的比重来度量。围绕地区生产总值指标，可以清晰地评价城市的财富与经济状况，地区生产总值是对城市实力的最佳考量。第三产业占地区生产总值的比重是判断一个城市经济结构是否合理、发展是否平衡的标准。这三项指标均反映了城市经济发展的现状。

城市空间的度量标准包括：年末实有铺装道路长度、公园绿地面积、体育场地数。通过道路长度可以很好地评判城市的交通状况，属于城市基础设施建设的重要环节。公园绿地面积是衡量城市绿化环境和空气质量的重要指标。公园绿地面积直接影响居民对城市生活的满意程度，是评价城市空间的重要指标。体育场地数是政府对居民身体健康关怀程度的直接表现，直接与居民的身体健康相关。

城市生活的度量标准包括：人均教育文化娱乐支出、总就业人数、第三产业从业人员比重。就业情况直接决定居民生活的质量与水平，是社会发展的重要因素。就业人数增加，可以减少犯罪，维持经济稳定、维护社会稳定。第三产业就业人员比重可以更好地衡量就业质量。人均教育、文化娱乐支出可以反映人们精神文化的富足程度；同时，娱乐消费也是扩大内需、拉动经济增长的重要动力。

6.3.3.2 指标权重的确定

对于各指标权重的确定，为了在权重赋值的过程中降低人为因素的干扰，提高精准度，本研究选取熵值法，使相应指标的权重更客观公正，数据具有更高的公信力。最终权重值确定如表 6-10 所示。

表 6-10　马拉松赛事与城市发展耦合协调指标体系

系统	一级指标	权重	二级指标	权重
马拉松赛事	规模指数	0.53	全社会固定资产投资	0.41
			固定投资占当年地区生产总值比重	0.59
	关联指数	0.47	国内旅游人数	0.29
			国内旅游收入	0.32
			年末就业人员	0.39
城市发展	城市经济	0.39	地区生产总值	0.43
			地区生产总值增长率	0.21
			第三产业占地区生产总值比重	0.36
	城市社会	0.29	第三产业从业人员比重	0.30
			就业人员总数	0.34
			人均教育文化娱乐支出	0.36
	城市空间	0.32	年末实有铺装道路长度	0.38
			公园绿地面积	0.33
			体育场地数	0.29

6.3.4　数据来源及标准化处理

本研究数据主要来源于 2014—2017 年各年版《成都市统计年鉴》。对于无法直接获取的数据，本研究主要采用替代的方式来进行收据收集，这虽然不能非常精确地反映问题，但在一定程度上也能够说明问题。这在科学研究中也是允许的和通行的做法。

体育赛事与城市发展评价体系各个数据的单位不一致,无法直接比较,必须首先进行无量纲化处理,消除量纲的差异,因此,本研究选取了极值处理方法,利用 R 语言软件进行标准化处理,得到

$$X_{ij}' = \frac{X_{ij} - min\ \{X_{ij}\}}{max\ \{X_{ij}\} - min\ \{X_{ij}\}} \tag{6.3}$$

原始数据来源于 2014—2017 年各年版《成都市统计年鉴》,运用 R 语言对数据进行标准处理,得出结果见表 6-11。

表 6-11　成都双遗马拉松赛事与城市发展耦合评价指标标准化数值

系统	一级指标	二级指标	2014 年	2015 年	2016 年
马拉松赛事	规模指数	全社会固定资产投资	0.000	0.221	1.000
		固定投资占当年地区生产总值比重	0.245	0.000	1.000
	关联指数	国内旅游人数	0.000	0.360	1.000
		国内旅游收入	0.000	0.457	1.000
		年末就业人员	0.000	0.065	1.000
城市发展	城市经济	地区生产总值	0.000	0.352	1.000
		地区生产总值增长率	1.000	0.167	0.000
		第三产业占地区生产总值比重	0.000	0.667	1.000
	城市社会	第三产业从业人员比重	0.222	0.000	1.000
		就业人员总数	0.000	0.065	1.000
		人均教育文化娱乐支出	0.000	0.397	1.000
	城市空间	年末实有铺装道路长度	0.000	0.099	1.000
		公园绿地面积	0.000	0.272	1.000
		体育场地数	0.000	0.351	1.000

经过标准化处理后,各系统的发展水平 u_i 可采用线性加权法计算得出,如公式 6.4 所示:

$$u_i = \sum_{i=1}^{m} r_{ij} u_{ij} \sum_{i=1}^{m} r_{ij} = 1 \tag{6.4}$$

在公式 6.4 中,u_i 为某系统第 i 年的发展水平,u_{ij} 即为公式 6.3 中标准化处理后

的 $X_{ij}{}'$，r_{ij} 为各指标权重。将对应数值带入马拉松赛事与城市发展两个系统，即可求出相应的发展水平。数值的高低取决于两系统各自的发展水平。

6.3.5 成都双遗马拉松赛事与城市发展耦合关系的定量分析

6.3.5.1 整体耦合评价

根据前文定性分析、系统发展水平评价、耦合度模型、耦合协调度模型，成都双遗马拉松赛事与城市发展的整体耦合结果如表6-12所示。

表6-12　马拉松赛事与城市发展耦合协调度及评价

年份	U1（马拉松赛事）	U2（成都）	C（耦合度）	D（耦合协调度）	耦合评价
2014	0.077	0.101	0.495	0.207	中度失调
2015	0.191	0.288	0.489	0.335	轻度失调
2016	1.038	0.918	0.499	0.703	中级协调

6.3.5.2 系统综合评价值

根据表6-11、表6-12、图6-18可以看出，成都双遗马拉松赛事与城市发展两系统综合评价指数每年都持续增长，且增长幅度比较接近，趋势基本保持一致。

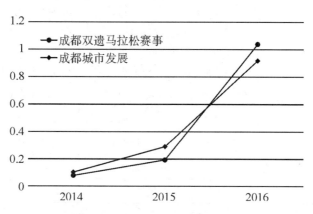

图6-18　成都双遗马拉松赛事与城市发展系统发展水平

从马拉松赛事系统来看，2014年综合评价指数是0.077，到了2016年，综合评价指数达到1.038，在短短的三年中，提升极快，发展势头强劲。从《成都市体育发展"十三五"规划》文件中，就可以看出成都市政府对体育产业的持续性投入范围广、数额大、针对性强，体育事业的发展能取得巨大的进步也在情理之中。

从城市发展系统来看，2014年的综合评价指数是0.101，到2016年该指标增长至0.918。在三年之中，成都在各方面同样取得了显著的进步，保持着高速稳定的增长态势，成都市政府在城市建设方面的投入得到满意回报。

从马拉松赛事和成都市这两个子系统的比较情况来看，两者都保持着稳定的增长态势。2014—2015年，成都市的发展速度快于体育赛事，且在总体上超过体育赛事。部分原因是2015年第一届成都双遗马拉松刚刚举办，赛事宣传与影响力还未得到充分的体现，所以发展速度在一段时间内滞后，尚未与城市发展同步。2015—2016年，体育赛事的综合评价指数实现快速增长，并实现反超，超越城市综合评价水平12个百分点。实现反超的部分原因：当政府资金到位时，赛事一切准备就绪，赛事综合评价上升水到渠成；成都双遗马拉松的影响力在一年的宣传中得以扩大，作为西南地区的知名赛事，得到的关注与资源颇多，进一步提升了赛事的综合总水平；城市的发展提升较为困难，考虑的因素复杂，只有当城市的总体大部分指标均提升时，综合评价指数才能够显著提升，所以城市的发展速度往往趋向稳定，不会骤变，所以会被骤升的体育赛事综合评价指数反超。

6.3.5.3 耦合度

耦合度的大小主要取决于成都马拉松赛事和城市发展这两个因素，也表明两系统之间是否存在协同关系。

如图6-19所示，总体来说，成都双遗马拉松与成都发展保持稳定的耦合关系，耦合曲线趋近于水平线，无较大波动，在三年中保持高度稳定，取值范围在0.489~0.499之间。这表明在此期间两者相互作用保持在一个稳定的状态下，耦合度处于中等水平。

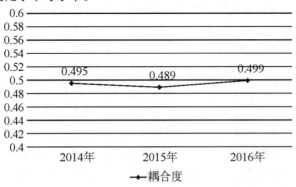

图6-19　成都双遗马拉松赛事与城市发展耦合度

6.3.5.4 耦合协调度

如图6-20所示，马拉松赛事和成都市这两个子系统耦合协调度范围在0.207~0.703之间，处于一种快速上升的趋势中，说明两者的协调关系在不断上升，协同发展。2014年表现为中度失调，2015年表现为轻度失调，2016年转变为中级协调。这说明在成都市政府加大对体育产业投入力度的同时，体育产业的反哺作用得到体现。体育赛事优化了产业结构，增加了城市收入，丰富了居民生活。两者的耦合协调度显著提升，体育赛事与城市发展之间的关系越来越协调。

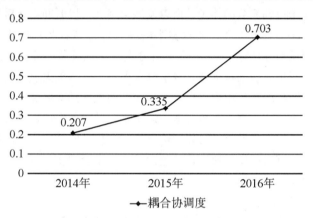

图6-20　成都双遗马拉松与城市发展耦合协调度

6.3.6　建议

根据对成都双遗马拉松赛事和成都市两个子系统的综合评价值分析、耦合度分析、耦合协调度分析可以看出，两者目前基本处于协调发展的状态，两者的耦合协调度显著提升，体育赛事与城市之间的关系越来越协调发展，但是仍然存在广阔的发展空间。为此，本研究为成都双遗马拉松与成都市进一步耦合协同发展提供一些合理建议。

6.3.6.1　提升双遗马拉松整体赛事水平和质量

首届成都双遗马拉松于2015年举办，至2018年仅仅4年，就获得了极大的关注，成为西南地区最为知名的马拉松赛事之一。成都双遗马拉松能在仅创办四年后就吸引到3万人参赛、升级为中国田协铜牌赛事，更多的还是依靠当地的文化和旅游资源。成都双遗马拉松将赛道与景区紧密结合，使得赛事与城市旅游业发展具有高效的协同作用。顶级的赛事必然能吸引顶级的运动员。2016年，成都双遗马拉松赛事中，外籍和中国港、澳、台选手共420名，相对于近3万的参赛者，占比不高，国际化程度不足，这说明成都双遗马拉松的赛事水平仍有很大的提升空间。针对以上不足，首先，应该适当提高成都双遗马拉松赛事奖金，高额的奖金能显著提升顶级运动员的参赛积极性，有助于扩大赛事影响力。其次，在提升赛事举办水平方面，需要对赛事冠名赞助商、普通赞助商、场地广告等进行筛选与优化。从 2017 年开始，成都双遗马拉松已经开始实现盈利，主要收入来源是报名和赞助。鉴于双遗马拉松的影响力，举办方已经完全有能力对赞助的来源进行筛选。一方面，选择契合体育竞技精神的赞助商，有助于形成赛事竞技化、专业化的形象；另一方面，富有成都特色的企业赞助同样能巧妙地吸引参赛者，对城市发展多有裨益。最后，利用现代新媒体技术加大宣传力度，创新宣传渠道。结合青城山、都江堰、熊猫谷、灌县古城等自然资源，致力于打造马拉松运动与都江堰千年文化传承及青城山休闲养生旅游完美结合的精品赛事。

6.3.6.2 提升成都市整体软硬件设施和服务

通常情况下，城市发展水平决定着大型体育赛事的水平及功能发挥。双遗地区作为成都市的特色旅游景区，成都市投入大量资金进行了相应的基础设施建设。对于双遗马拉松比赛而言，这是一个天然的优势。但是，大型体育赛事是一个复杂的系统工程，赛事举办期间巨大的人流、物流对城市基础设施的完善程度、运行状况具有极高的要求。在赛事举办期间，双遗地区除了接待近 3 万名参赛选手外，还有大量的参赛者亲属、工作人员、周末日常游玩者。比赛期间，赛道附近不得不进行交通管制，但是疏导不畅，导致部分选手返程时间居然长于比赛时间。如何疏导人流、物流压力成为重中之重。

基于此，①应该对双遗地区公路网线进行进一步扩容。这不仅有助于提升赛事水平，更使得法定节假日期间，双遗地区的交通问题得到根本性解决。②建立智慧城市公交系统。完善成都市基础服务。通过增加特定时段公共交通如公交和地铁班次、道路指示牌、公交车站电子显示牌、公共场地免费 Wi-Fi 覆盖、成都交通路况实时分享等，完善成都市的公共交通体系，使得成都市向着智慧交通的方向发展。③完善旅游基础服务设施建设。完善旅游基础设施建设，尤其是推进旅游厕所改扩建工程、旅游停车场设施改造和增建等建设，建成或改造一批旅游星级厕所，也可通过扩宽停车场面积，布设和增设停车分区、方向引导指示标识、出入口等方法，改善停车环境。

6.3.6.3 增强双遗马拉松与城市产业发展的关联度

大型体育赛事是体育产业的重要组成部分，各产业的界限逐渐模糊，体育产业、旅游产业、文化产业相互融合。基于此，对于赛事决策者来说，应该站在产业发展的角度，紧紧围绕赛事本身，通过政策倾斜、政策支持等手段，积极培育大型体育赛事相关的配套产业和延伸产业，打造全产业链。通过引进人才和一定的资金支持，吸纳体育产业、文化创意产业和体育旅游产业的相关人才，为整个产业链的打造创造人才储备基础。通过税收减免、项目支持等手段吸引优秀成熟的文化创意产业进驻成都，同时积极培育大学生文化创意产业创业，为产业提供发展实体。目前，成都双遗马拉松已经迈出了第一步。2017年9月，万达体育宣布全资入股成都双遗体育，并将与行知探索在文体旅融合方面达成战略合作。2018年1月，行知探索总裁曲向东明确表示，2018年的战略核心目标是成为"户外全域旅游产业链整合服务提供商、中产阶级运动社交服务平台以及户外赛事IP（网络专属地址）全媒体运营商"，在文化、体育、旅游深度融合发展的道路上继续深挖。综上所述，用产业发展的视野，以打造产业链为目的来运作成都双遗马拉松赛事，才能将其作用充分发挥出来。

6.3.6.4　开发双遗马拉松文化创意衍生产品

对于大多数的体育赛事而言，其影响往往集中于短暂的赛事举办期间。成功的体育赛事则能将影响进行延伸，并固化为稳定的产业模式。大型体育赛事一旦形成优越的品牌形象，就可以通过衍生产业链给城市带来持续收益。大熊猫和世界文化保护遗产是成都双遗马拉松不可替代的两个文化点。同时，"双遗"IP也适用于其他具有深度文化属性的旅游城市，在马拉松赛事打造上，这无疑是一个可复制的文化主题。因此，成都双遗马拉松赛事可以着力"熊猫""双遗"等元素，进行旅游创意产品的开发，开发文化创意衍生品产业。此外，建立全民健身大数据库，以马拉松赛并结合双遗自然特色的集健身、休闲、娱乐、旅游、创业为一体的体育主题功能区的建设等都能延伸成都双遗马拉松赛事的产业价值。

6.4　成都马拉松赛事形象研究

6.4.1　案例赛事简介

成都马拉松（见图6-21、图6-22）是由成都市政府主办，成都市体育局、成都传媒集团等部门共同承办，万达体育独家运营推广的大型城市马拉松赛事。2017年，成都国际马拉松赛在中国西部国际博览城鸣枪起跑，这是国际马拉松赛在成都城区主干道上的第一次奔跑。2018年开始，获得万达体育的独家运营赞助，赛事开启了新的发展篇章，赛事规模达28 000人，最终报名人数超过50 000人，并且马拉松赛道融入了成都千年的历史文化内涵和氛围，不断得到升级。2019年5月，成都国际马拉松成为中国首个世界马拉松大满贯候选赛事，赛事规模得以进一步扩大，赛事总人数达30 000人，报名人数更是超过97 000人，获得了广大跑友的热烈支持和响应。此外，该马拉松赛事还成为中国境内唯一由国际A级丈量员丈量赛道的城市马拉松。并且，中国田径协会公布的《中国田径协会关于公布 2019 中国马拉松等级赛事及特色赛事评定结果的通知》中，成都国际马拉松还成功获评金牌赛事。与此同时，为了加速与国际化赛事接轨，契合国际赛事形象，"成都国际马拉松"这一赛事名称更名为"成都马拉松"（以下均称为"成都马拉松"）。

图 6-21　2018 年成都马拉松比赛情况

图片来源：https://weibo.com/u/6285172579？is_all＝1#_rnd1615552989426.

图 6-22　2019 年成都马拉松比赛情况

图片来源：https://weibo.com/u/6285172579？is_all＝1#_rnd1615552989426.

作为中国马拉松序列中新兴的西部标志，这一场彰显天府文化底蕴，着力紧扣城市发展传承的城市马拉松以中国田径协会金牌和国际田联金标的"双金"标准打造，伴随着浓厚的国际化味道，一开始就获得了广大跑友的认可和厚爱。近年来跑步热潮的持续升温，马拉松赛事以各种形式在各地展现，办赛区域逐渐由东部沿海向中西部拓展。2016年举办的成都双遗马拉松成为西部地区规模最大的赛事，而起点颇高的成都马拉松则以其融入天府文化的独特卖点区分于此前不同规模和类型的马拉松赛并与之达成互补关系，共同为潜力巨大的西南地区带来广阔的施展空间。近两年更是为了助力成都高质量建设赛事名城，为第31届世界大学生运动会做好高标准筹备，成都马拉松赛事的质量、水平更是全面提档升级。

选择成都作为案例地、成都马拉松作为案例赛事的原因包括：首先，2017—2019年，成都先后获得由6个国际体育组织授予的"黄金主办城市"等多项荣誉，世界赛事名城的建设已驶入快车道。其次，2020年11月《中国城市海外影响力分析报告》指出，成都的国际体育赛事指数已跃居全国第二，仅次于北京。其中，成都马拉松作为成都现有的国际赛事之一，不仅享誉全国，还吸引了世界范围内马拉松爱好者的目光，成为提升成都国际化城市形象的窗口。自2017年举办至今，成都马拉松在国际品牌赛事形象建设的发展历程中积累了丰富的经验，其存在的优势与不足，值得国内其他马拉松赛事主办者借鉴和学习。因此，对成都马拉松赛事形象进行分析，有助于为其他马拉松赛事形象的塑造和提升提供可参考和借鉴的经验。

6.4.2　数据来源与分析方法

本报告采用Web Spider软件、其他文本分析软件抓取了2017年成都马拉松相关跑记。作为成都马拉松第一届赛事，2017年的成都马拉松跑记能反映出成都马拉松在塑造赛事形象的初期所存在的独特优势并暴露其某些不足。

在具体形象分析中，一方面，我们根据词频分析结果分析维度要素组成和比重；另一方面，为深入了解撰写者感知赛事形象，我们在原跑记中搜寻对应要素关键词，通过阅读上下文来解读参赛者情感，分析结果见表6-13。

表 6-13　2017 年成都马拉松跑记分析结果　　单位：次

维度	关键词	词频	维度	关键词	词频
赛前报名 78 次（28.7%）	报名	37	参赛人员/观众 20 次（7.3%）	省市地名	6
	官网	6		观众	5
	抽签	6		市民	3
	报满	4		热情	2
	报名条件	5		加油	2
	审核	5		助威	2
	体检	4	完赛奖牌 50 次（18.4%）	奖牌	21
	缴费	2		形象元素	11
	参赛资格	5		旋转	3
	门槛	2		好看	3
	严格	2		体现特色	4
赛道设计 41 次（15.1%）	赛道	14		别具匠心	3
	笔直	7		精心设计	3
	沿途	7		可爱	2
	重复	3	赞助 23 次（8.5%）	东风	14
	西部国际博览城	2		赞助商	3
	天府大道	7		精神	3
	南延线	3		超越	3
	景观特色	4	情感形象 8 次（2.9%）	难忘	2
赛事服务 38 次（14.0%）	公益活动	3		开心	2
	志愿者	3		激动	2
	参赛包	8		遗憾	2
	比赛服	4	赛事总体评价 14 次（5.1%）	体现成都特色	8
	补给	4		好玩	3
	医疗	4		火爆	3
	香蕉	2			
	小面包	2			
	饮料	2			
	卫生间	6			

6.4.3　成都马拉松赛事形象分析

6.4.3.1　认知形象

参考目的地认知形象的概念界定，本研究中的认知形象代表参赛者对赛事的认知（吕兴洋、徐虹、林爽，2014），按照关键词在跑记中的内容关联性及维度间相关性，对 6 个认知形象维度逐一进行分析。

（1）赛前报名门槛高。从词频分析可以看出，关键字"报名"出现频率最高。该维度共包含 11 个词，占总词频的 28.7%。笔者将其内部分为：①报名流程。官网可进入性差，其作为新网站，未能及时被主要搜索引擎收录，导致无法快速定位，影响参赛者对赛事活动专业性的判断和评价。和北马相似，2 万的参赛名额约占报名总人数 43 365 的一半，最终采用抽签确定来自 35 个国家和地区的参赛人员，均超越了 2017 年厦门马拉松的 31 个国家和地区以及 2016 年兰州马拉松的 23 个国家和地区，反映出成都首次国际马拉松浓厚的国际化味道，"一号难求"状况同样突出。②报名规则。百度信息、体检表、成绩证书是三项必备资料。需要注意的是，不少参赛者反映参赛准则中要求所报名参赛项目必须对应完赛证书且完赛赛事级别必须经由中国田径协会认证未免过于苛刻，参赛者将提供半年内体检证明的规则与兰州马拉松对比，认为这对有历史纪录的跑友而言只是一个徒增时间成本、耗费无谓费用的举措。而组委会随后给出的官方解释，尽管在一定程度上缓解了参赛者的顾虑，但受到了更多参赛者对赛前组织管理能力的质疑，负向影响了赛事形象。③参赛资格。"严格"是参赛者对成都马拉松报名的主要印象。马拉松运动具有一定风险性，对参赛人员的身体素质有基本要求，通过提高参赛门槛降低意外发生的概率也反映了成都对此次国际马拉松赛事的高度重视（见图 6-23）。

图 6-23　成都马拉松赛前报名情况

图片来源：https://weibo.com/u/6285172579? is_all=1#_rnd1615552989426.

（2）赛道设计与城市特色契合度低。排在第三位的是参赛者对沿途赛道设计的评价，6 个关键词占据总词频的 15.1%。其中，"笔直"一词可以概括参赛者对赛道空间维度的整体印象，"最直的赛道路线和最有波浪感的起伏的跑道""一条基本笔直的赛道"等描写突出了成都马拉松道的笔直特征。此次成都马拉松，全马和欢乐跑的起点和终点均在西部国际博览城，折返道路单边基本重合，沿途景观高重复率令参赛者颇觉无趣。值得注意的是，一方面，在"11+2"新模式下，成都马拉松组委会希望以途经成都天府软件园等成都地标性建筑的路线作为赛道借以向大众直观地展示成都作为高新技术产业基地、商贸物流中心和综合交通枢纽的国家中心城市风貌；另一方面，这条以天府大道南延线为主干道的赛道几乎和旅游者所谓的"成都特色"不沾边，天府广场等代表性旅游景点几乎不在线路规划范围内。成都马拉松组委会努力打造的城市形象和参赛者期望体验的城市自然文化氛围形成了冲突，降低了参赛者对成都作为办赛城市本身的城市形象的感知。

（3）赛事服务总体满意。参赛者对赛事举办过程中各方面服务的总体评价排在第四位，约占总词频的14.0%。与赛事同时进行的还有成都马拉松熊猫公益系列活动、趣味定向跑及相关主题文体活动等，以便让更多的人了解和以各种形式参与到成都马拉松中来，提高成都马拉松知名度和赛事影响力。参赛包（见图6-24）特别是比赛服的质量和外观设计赢得了参赛者的好评，如"赛服配发亚瑟士（一种高端跑鞋），更显高端"，也有参赛者提到参赛包中植入广告过多，缺乏物资清单，也无工作人员提醒补给物品领取位置的问题。与此同时，卫生间分布广、无位置指示造成厕所资源分配不平均现象，负向影响了参赛者对赛事服务的整体满意度。

图6-24 成都马拉松参赛包领取现场

图片来源：https://weibo.com/u/6285172579? is_all=1#_rnd1615552989426.

（4）观众热情度低。跑记中出现频率最高的省（市）地名是兰州市。值得一提的是，它并不指参赛者来源，而是与成都马拉松举办地成都做比较而被提及的地名。分析跑记上下文可知，同年6月举办的兰州国际马拉松以其"九曲不回，奔涌向前"的城市精神与马拉松文化高度融合，顺利升级为国际田联路跑银标赛事并获得了优异的口碑和良好的声誉。同为西部城市的兰州有着7届成功举办国际马拉松赛事的经验，这对首次举办国际马拉松赛事的成都无疑是最合适的参照标准。"成都马拉松……观众稀稀疏疏……偶尔听见……一两句加油声""兰州马拉松观众热情似火,击掌加油的人儿络绎不绝……万人空巷的马拉松情结",参赛者将兰州国际马拉松和成都马拉松对比,认为成都马拉松观众(见图6-25)缺乏热情度。现场观众虽然不是直接参赛者,但其所营造的赛事氛围却能在一定程度上影响参赛者感知的办赛城市氛围和群众基础。

图 6-25 成都马拉松比赛现场热情的观众

图片来源:https://weibo.com/u/6285172579?is_all=1#_rnd1615552989426.

(5)奖牌设计成为亮点。成都马拉松奖牌在跑记中被多次提及,占总词频的18.4%,排在第二位。本届成都马拉松奖牌的设计充分融入成都特色,结合大熊猫、太阳神鸟和川剧脸谱等元素,以旋转形式打破传统平面叠加固定套路,赢得了广大参赛者青睐,如"成都马拉松奖牌……别具匠心地体现了成都特色""成都马拉松的奖牌好好看啊……可爱又炫酷"等正面评价均体现了成都马拉松完赛奖牌的独一无二性,成为成都马拉松区别于其他马拉松赛事的独特标志(见图6-26)。

图 6-26 成都马拉松奖牌

图片来源：https://weibo.com/u/6285172579？is_all = 1 # _ rnd161555
2989426.

（6）赞助商形象得到认可。赞助企业文化与赛事精神契合度共被提及 23
次，占总词频的 8.5%。赞助商品牌名称仅出现"东风日产"。一方面，日产
汽车常年作为大型体育赛事赞助商的角色定位获得了参赛者的认同和肯定；另
一方面，这与东风日产企业内外追求极致、不断突破自我的文化价值观息息相
关。马拉松比赛提倡不畏困难、突破自我的精神，东风日产也以激情自信参赛
者的姿态出现。赞助商的高知名度和有力宣传成为成都马拉松赛事形象中的积
极因素（图 6-27）。

图 6-27 2017 年成都马拉松赛事赞助商

图片来源：http://chengdu-marathon.mararun.com/.

6.4.3.2　情感形象

情感形象是指参赛者对赛事的情感反应（刘力，2013）。跑记中出现的直接表达情感的词很少，大部分参赛者多对赛事本身、办赛地特色和办赛地举办赛事情况做出评价而非表达感受，"遗憾"是因为没有拿到奖牌或是对赛事报名管理不满意，但总体来说参与成都马拉松是"开心"的、"难忘"的。相较于认知形象，成都马拉松的情感形象薄弱，词频所占比重低，仅为2.9%。

6.4.3.3　总体形象

赛事的总体形象指举办城市举办的体育赛事在观众心目中形成的主观性的总体评价以及形成的总体印象（邢尊明，2009）。参赛者评价成都马拉松使用最多的词语是"体现成都特色"，这在一定程度上应归功于极具赛事和办赛地特色的完赛奖牌设计。同时，作为成都首届国际性马拉松赛事，在面对前后大型赛事竞争压力下依然表现出色，不仅在招商上取得良好成绩，赛前报名与赛事活动（图6-28）都将"火爆"一词展现得淋漓尽致。成都马拉松赛开启了成都体育的一扇大门，为这个城市的商业环境注入了新的活力与吸引力。

图 6-28　2017 年成都马拉松火爆的赛事现场

图片来源：https://weibo.com/u/6285172579? is_all=1#_rnd1615552989426.

6.4.4　研究小结

6.4.4.1　研究结论

本研究根据对2017年成都马拉松跑记的分析，得知在第一届成都马拉松赛事举办期间，参赛者对成都马拉松赛事的认识和评价，以及成都马拉松在参赛者心中所树立的赛事品牌形象。综上所述，我们得出以下结论并给出相关建议：

（1）赛前组织管理水平仍有较大提升空间。赛事报名情况在展现成都马拉松影响力的同时，更多地暴露出了网络渠道缺失、官方口径不一致等影响参赛者感知赛事形象的负面问题。其"严格"的门槛给参赛者留下了深刻的印象，使其在评论中更倾向于表达对赛前组织管理水平的态度。

（2）赛事本身成为聚焦点，举办地与赛事形象耦合程度弱。参赛者往往会将办赛地自身特色纳入考虑以达成实地参赛意愿，而办赛地悠久而独特的历史人文风情、自然风光正是主要推动因素。但从成都马拉松参赛者对赛道设计的评价可以最为直观地看出，组委会努力打造和宣扬的与国际接轨的高科技型办赛地形象并不符合参赛者预期，参赛者也没有在赛事活动过程中感受到成都作为历史文化名城的蜀风雅韵。虽然完赛奖牌的独特设计象征着目的地的特征化元素，在一定程度上使参赛者建立起同参赛地之间的情感连接，但成都马拉松并未在正式赛事活动过程体现出极富区别性的特征，加之诸如观赛群众营造的低热情度氛围、志愿者服务非专业性以及不完善的设施补给等负面问题，把参赛者的目光更多地移向了赛事本身，由此导致了低耦合形象。

（3）主办城市对赛事品牌形象无显著影响，赛事旅游者赛后出游意愿不强。从分析结果可以看出，成都的城市文化符号并未在成都马拉松的赛事品牌形象中得到良好反映，赛事旅游者提及赛后到访成都的频率也较低，成都马拉松与办赛地成都的耦合形象极为有限。这影响了对赛事有着忠诚度的体育赛事旅游者，即当赛事举办过后一段时间，他们并不会对举办地形成鲜明的印象，受到赛事内聚度的调节继而追随赛事本身，降低了远期出游意愿。

6.4.4.2 建议

（1）加强赛前管控，多方参与规划。提高网络渠道可进入性，保证赛事传播和参与渠道畅通，使赛事官网在主要搜索引擎页面直观可视化或在赛事举办地官网首页置顶，同时建立参赛者在线答疑程序，及时消除赛前参赛者疑虑，形成对成都马拉松比赛态度严谨、赛事准备专业的良好印象。

（2）整合赛事形象与目的地形象，坚持创新驱动。成都马拉松参赛者对赛事与举办地耦合形象仍停留在较肤浅的层面，这对赛事举办方和旅游部门工作的开展带来了极大挑战。在这一点上，成都马拉松可参考和借鉴北马成功之道。一方面，充分结合城市景观打造独特的马拉松赛道形式，比赛途经的地标性建筑以旅游形象中的热门形象为主，使赛事品牌融入更为鲜明的地域文化特征，形成区别性的马拉松赛事形象；另一方面，要始终坚持赛事创新，打造独特吸引力。成都马拉松奖牌成功的背后是创新的驱动，其选用的元素属于旅游目的地管理组织所宣扬、传播的热门形象，高度结合了成都马拉松奖牌与办赛地成都当地特色代表性文化，同时，维度的突破进一步造成视觉震撼，使奖牌兼具赛事和办赛地形象的独一无二性。因此，办赛地需要找到赛事的独特卖点并以体验形式将其嵌入赛事过程中，通过各种有形和无形手段建立与参赛者的情感联系。

（3）针对目的地形象个性与特色，科学合理定位赛事形象，推动赛后旅游发展。对于赛事举办地而言，赛事是旅游的载体，同时也是目的地经济创收的有效手段，两者形象的耦合程度进一步影响旅游者远期出游意愿。耦合形象越鲜明，体育赛事旅游者对办赛地的形象越深刻，甚至可以成为目的地形象的代名词，起到标志性作用。因此，对于作为吸引潜在旅游者前往目的地主要因素的非耦合目的地形象，赛事举办地既要挖掘其代表性地方文化并使其成为赛事形象的重要组成部分，也要把办赛地所弘扬的地方精神同赛事精神高度契合，最大限度地降低赛事内聚度对体育赛事旅游者远期到访意愿的负向影响。

6.5　成都马拉松赛事与城市形象耦合及其影响的实证研究

6.5.1　案例选取

从 2017 年成都马拉松赛事形象研究结论可知，总体而言，第一届成都马拉松赛事引发了大规模的参赛热潮，参赛者对于赛事服务仍然是比较满意的。并且，第一届成都马拉松赛事充分融入和体现成都特色，开启了成都打造国际赛事的新篇章，为成都这座城市注入了新鲜活力与吸引力，为之后打造世界赛事名城奠定了基础。然而，作为第一届成都马拉松赛事，2017 的成都马拉松在塑造赛事形象和提升城市形象上，仍不可避免地暴露出一些不足，譬如，赛事举办地与赛事形象耦合程度弱、成都马拉松赛事与办赛地成都的耦合形象非常有限，具体问题体现在赛道设计与城市特色契合度低、观众的热情度低等。

实际上，不只是 2017 年第一届成都马拉松赛事存在赛事形象与赛事举办地形象耦合度较低这一问题，很多赛事举办地也存在该问题，其在赛事举办后留给旅游者的印象往往只是"某项赛事在某地举办"，却没能形成综合性的形象，没有营造出举办地自身的高度辨识力，赛事与举办地的形象耦合仍停留在较肤浅的层面。这些浅层耦合甚至形象分离的情况，给赛事举办方和举办地体育与旅游等相关部门工作的进一步开展带来了极大的挑战。因此，本研究期望对赛事形象和赛事举办地形象相结合的情况进行分析，在结合以往目的地营销理论的基础上，分析二者之间的耦合关系，以此探究"体旅相长"这一理想状态背后的规律。具体而言，即探讨赛事举办期内赛事形象与举办地形象对于赛事观众实地观赛意愿（赛事旅游意愿）的影响，以及赛事结束后对于潜在旅游者来访意愿（赛后旅游意愿）的影响。

　　本研究仍然选择成都马拉松作为案例，原因在于：自 2018 年以来，成都便大力推动"三城三都"的建设，其中"一城"便是指世界赛事名城。2019 年，世界赛事名城建设驶入快车道，成都坚持"谋赛"与"谋城"的协同发展。为了契合这一发展目标，成都马拉松自 2018 年至今，便大力推动成都马拉松赛事与城市的耦合发展，更加注重赛事形象与成都城市形象的耦合，在承办赛事的过程中，有意识地将举办地的形象特征与赛事形象相结合，使得举办地形象要素能够在赛事举办期间得到明显体现。比如，2018 年，成都马拉松赛道全面升级，赛道途经金沙遗址博物馆、九眼桥、四川大学、望江楼公园等，寓意成都马拉松从成都灿烂的古文明跑向澎湃的新时代，体现出赛道设计与成都的城市特色深度融合。不同于 2017 年的成都马拉松，2018—2020 年举办的成都马拉松能够体现成都马拉松赛事形象和成都城市形象的耦合程度逐渐加强。自 2019 年以来，成都的世界赛事名城建设已步入新的阶段，成都市更加致力于"世界赛事名城"的建设，大力推动体育和旅游产业的融合发展，申办（承办）了多个国内国际赛事。其中，最具代表性的国际赛事当属成都马拉松。作为西南地区规模最大的马拉松赛事，成都马拉松自 2017 年创办以来，赛事规模和国际影响力迅速攀升，赛事质量和水平全面提升，赛事与城市的耦合发展也步入新的台阶。成都马拉松不仅于 2018 年获得中国田径协会"银牌赛事"及特色赛事"最美赛道"奖，还于 2019 年 5 月成为中国首个世界马拉松大满贯候选赛事（见图 6-29），每年都吸引了大量国内外马拉松爱好者到访。成都兼具优秀赛事举办地和有吸引力的旅游目的地两种身份。其中马拉松赛事形象与赛事举办地形象在成都有较为突出的体现，与研究期望探究的形象耦合关系相契合。因此本研究继续选取成都为案例地，并以成都马拉松为例，分析赛事与赛事举办地的形象耦合及其对赛事观众赛事旅游意愿和潜在旅游者赛后旅游意愿的影响。

图 6-29　中国首个世界马拉松大满贯候选赛事成都马拉松

图片来源：https：//weibo.com/u/6285172579？is_all＝1#_rnd1615552989426.

6.5.2　赛事与城市形象耦合的质性分析

6.5.2.1　资料收集

本研究以网友自发撰写的网络游记为数据来源，在马蜂窝、携程网、穷游网、去哪儿网等旅游信息平台上随机地选取样本，而后采用人工识别的方法选取 2018 年 10 月至 2021 年 1 月期间去往成都且提及成都马拉松的游记攻略 110篇，共计近 16 万字。进一步，参照以往形象质性研究（李春晓 等，2018）以及形象测量研究（吕兴洋、沈雪瑞、梁佳，2015），采取文本分析的方法对网络游记数据进行分析，以此解构赛事和举办地形象之间的关系，验证两者之间是否存在相互耦合的部分。

6.5.2.2　质性分析过程与结果

质性研究的方法可以从现实情况中提取出真实的耦合形象，因此本研究对获取的数据资料进行文本分析。编码工作由 3 位相关领域的研究者经过培训后独立地进行编码（Ormerod，2000）。在所有样本数据中，被不同旅游者重复提及次数越多的条目代表其对于赛事和举办地的认知和感受越普遍，该条目则越能够代表赛事和举办地的形象。基于这一分析思想，本研究对编码结果进行梳理，找出反复出现的描述性词语、设施等客观物体以及概念性词语的条目，而后将描述的客体相似、词意相近的条目归为一类，例如将"成都马拉松是西南地区规模最大的马拉松赛""中国首个世界马拉松大满贯候选赛事，参赛人数多，比赛规模大"等合并为"赛事水平高"。最后，通过进一步的整理，提炼出赛事形象和举办地形象两个维度的条目，见表 6-14。

表 6-14　案例赛事及赛事举办地的形象构成

主范畴	对应范畴	范畴内涵
非耦合赛事形象	赛事水平高	成都马拉松是西南地区规模最大的马拉松赛，于 2019 年 5 月成为中国首个世界马拉松大满贯候选赛事，参赛人数多，比赛规模大
	赛事专业化程度高	成都马拉松是中国境内唯一由国际 A 级丈量员丈量赛道的城市马拉松，赛道的专业水准最高；赛前报名门槛高；选手完赛成绩将获得中国田径协会、世界田联等机构认证
	赛事宣传效果好	比赛当天将由中央电视台体育频道（CCTV-5）进行全程直播，成都马拉松官网网站、微博、"抖音"等媒体平台全程报道赛事动态
	赛事服务质量高，保障体系完善	参赛包质量和外观设计广受选手好评，物资补给及时充分，卫生间、临时喷淋设置等保障设施完备，医疗卫生条件良好
	赛事氛围热烈	观众十分热情，为选手加油助威，并且沿途设立了 20 个音乐加油站，营造出热烈的比赛氛围

表6-14(续)

主范畴	对应范畴	范畴内涵
耦合形象	赛道设计与城市特色契合度高	赛道设计以天府文化为核心,凸显最人文、最独特、最成都的天府文化特色,并增加杜甫草堂、青羊宫、宽窄巷子、人民公园和天府广场等著名景点和地标性建筑
	旅游景点和马拉松赛事相结合的共同体验	赛事活动与景点景区,对赛道的景观环境进一步改造升级,令赛道沿途风景更加优美,观赏性更强,体验感更佳
	具有当地特色的赛事补给	比赛沿途提供糯米糍粑、红糖锅盔等成都特色美食补给
	标志物和城市形象结合融洽	赛事 logo 是一只卡通熊猫跑向成都文字的动态图案,代表"成都跑向世界,世界跑进成都"。奖牌的设计充分融入了大熊猫、川剧脸谱等成都特色,彰显了成都这座城市热情、创新和活力的形象
非耦合举办地形象	城市旅游资源丰富	独特的地貌与悠久的历史文化为成都带来丰富、独特的旅游资源,造就了"旅游之都"的形象认知
	历史文化底蕴深厚	杜甫草堂、青羊宫等著名的历史文化景点凸显出成都深厚的历史文化底蕴
	城市特色鲜明	与成都特色相关的关键词涵盖内容广泛,包含动物"熊猫"、美食"火锅""串串香"、风俗"茶馆""川剧"等,这些均令旅游者印象深刻
	热情好客的当地居民	民风淳朴,成都当地居民十分热情好客
	快捷便利的交通条件	城市轨道交通、公共交通等市内交通设施完备,公路、铁路、航空等市外交通体系完善

我们通过对比发现,赛事形象和举办地形象可以被清晰地划分为两个相互独立的部分和一个相互重叠的部分:将只与成都马拉松赛事相关的条目归纳为非耦合赛事形象维度,将只与赛事举办地相关的条目归纳为非耦合举办地形象,将既提及赛事又提及举办地的条目归纳为耦合形象。如表 6-14 所示,非

耦合赛事形象具体包括"赛事水平高""赛事专业化程度高""赛事宣传效果好""赛事服务质量高，保障体系完善""赛事氛围热烈"五个方面的描述；耦合形象包括"赛道设计与城市特色契合度高""景点与赛事相结合的共同体验""具有当地特色的赛事补给""标志物和城市形象结合融洽"四个方面，既涵盖了成都马拉松赛事特征，又体现了成都的旅游资源情况；非耦合举办地形象包括"城市旅游资源丰富""历史文化底蕴深厚""城市特色鲜明""热情好客的当地居民""快捷便利的交通条件"五个方面。相关表现可具体参见图6-30、图6-31、图6-32、图6-33、图6-34。

图6-30　2020年成都马拉松赛事宣传现场

图片来源：https://weibo.com/u/6285172579？is_all=1#_rnd1615552989426.

图6-31　2020年成都马拉松赛事服务与安全保障

图片来源：https://weibo.com/u/6285172579？is_all=1#_rnd1615552989426.

图 6-32　成都马拉松比赛现场的音乐加油站

图片来源:https://weibo.com/u/6285172579？is_all=1#_rnd1615552989426.

图 6-33　2020 年成都马拉松比赛情况

图片来源:https://weibo.com/u/6285172579？is_all=1#_rnd1615552989426.

图 6-34 成都马拉松的特色赛事补给

图片来源:https://weibo.com/u/6285172579? is_all=1#_rnd1615552989426.

6.5.3 赛事与城市形象耦合影响的实证研究

6.5.3.1 问卷设计及数据获取

在解析赛事形象和举办地形象关系,证明耦合形象的存在性后,本研究希望进一步通过问卷调查的方法验证于"3.3.2.1 不同形象对实地观赛意愿的影响"与"3.3.2.2 不同形象对出游意愿的影响"两个部分中提出的 H1a、H1b、H1c、H2a、H2b 五个假设。具体来说,五个假设的内容分别是 H1a:非耦合赛事形象正向影响赛事观众实地观赛意愿;H1b:耦合形象正向影响赛事观众实地观赛意愿;H1c:非耦合目的地形象正向影响赛事观众实地观赛意愿;H2a:耦合形象正向影响旅游者远期出游意愿;H2b:非耦合目的地形象正向影响旅游者远期出游意愿。以此检验非耦合赛事形象、耦合形象与非耦合举办地形象对赛事旅游意愿和赛后旅游意愿的影响作用。调查问卷包括三个部分:首先是非耦合赛事形象、耦合形象以及非耦合举办地形象的测量。测量题项改编自前文分析得到的形象条目(见表6-15)。其次参照 Chalip 等(2003)和 Chen 等(2013)文献中已有的成熟的量表工具对赛事观众的赛事旅游意愿和潜在旅游者的赛后旅游意愿进行测量。最后为人口统计信息(量表测量题项见附录2)。上述题项均采用 7 级李克特量表,问卷调研通过专业的问卷调研平台问卷星发放,调查问卷如附录 3 所示。

表 6-15 探索性因子和验证性因子分析结果

因子与题项	EFA因子载荷	方差解释率	Cronbach's α	CFA因子载荷	组合信度	AVE
1. 非耦合赛事形象		31.5%	0.933		0.932	0.734
EI1 赛事水平	0.886			0.862		
EI2 赛事专业化	0.824			0.888		
EI3 赛事宣传	0.855			0.787		
EI4 赛事服务	0.916			0.881		
EI5 赛事氛围	0.815			0.863		
2. 耦合形象		28.1%	0.887		0.924	0.753
CI1 赛道设计	0.807			0.845		
CI2 共同体验	0.906			0.878		
CI3 赛事补给	0.796			0.872		
CI4 结合融洽	0.846			0.875		
3. 非耦合举办地形象		28.8%	0.964		0.925	0.711
DI1 旅游资源	0.908			0.905		
DI2 历史文化	0.925			0.821		
DI3 城市特色	0.966			0.812		
DI4 居民热情	0.916			0.858		
DI5 交通便捷	0.881			0.817		

6.5.3.2 数据分析结果

调研共获得 286 份样本，剔除无效样本后，共得到有效样本 265 份。有效样本中，男性答题者占 47.2%，女性答题者占 52.8%。被调查者的年龄主要集中在 18~35 岁，占样本总量的 86.8%，与体育赛事主要观赛群体年龄范围一致（艾瑞咨询，2018）。答题者学历以大学本科或专科为主，占样本总量的 84.0%。答题者月收入水平集中在 8 000~17 000 元，占样本总量的 42.8%。

首先，我们将问卷收集到的一半样本用于探索性因子分析（EFA），另一半样本用于验证性因子分析（CFA）。首先，对数据进行探索性因子分析，因子分析适用性检验的结果显示 KMO = 0.848，$\chi^2/df = 18.479$，$p = 0.000$，说明数据适合进行因子分析。然后采用主成分分析法获得包括 15 个题项的 3 个因子。各题项归到了预计的因子维度下。3个因子分别为非耦合赛事形象、耦合形象和非耦合举办地形象。方差解释率分别为31.5%，28.1%和28.8%，累计方差解释率达到88.5%。信度检验结果显示，Cronbach's α 分别为0.933、0.887、0.964，均大于0.7，说明信度水平高（Hatcher、O'Rourke，2013）。

其次，我们利用验证性因子分析对量表效度进行检验（吴明隆，2010）。其中 $\chi^2/df = 1.221 < 2$，RMR = 0.028 < 0.05，RMSEA = 0.040 < 0.08，CFI = 0.976 > 0.9，GFI = 0.901 > 0.9，NFI = 0.929 > 0.9，模型拟合度较高（吴明隆，2008）。其中，非耦合赛事形象5个题项因子载荷在0.781~0.838之间，耦合形象4个题项因子载荷在0.845~0.878之间，非耦合举办地形象5个题项因子载荷在0.812~0.905之间，所有变量的因子载荷均大于0.7，表明模型聚合效度较好（Gefen、Straub，2005）。三个变量的平均方差萃取量（AVE）均大于该变量与其他变量的相关系数，说明区分效度较好（Fornell、Larcker，1981）。

最后，我们利用全部样本进行结构方程模型分析以检验路径关系。模型采用极大似然法进行检验，结果显示模型拟合度较高，$\chi^2/df = 1.127 < 2$，RMR = 0.027 < 0.05，RMSEA = 0.030 < 0.08，CFI = 0.981 > 0.9，GFI = 0.902 > 0.9，NFI = 0.930 > 0.9。于"3.3.2.1 不同形象对实地观赛意愿的影响"与"3.3.2.2 不同形象对出游意愿的影响"两个部分中提出的H1a、H1b、H1c、H2a、H2b 五个假设的检验结果如表6-16所示，非耦合赛事形象对于赛事旅游意愿产生正向影响（$\beta = 0.513$，$p = 0.000$），耦合形象同时正向影响赛事旅游意愿（$\beta = 0.188$，$p = 0.003$）和赛后旅游意愿（$\beta = 0.533$，$p = 0.000$），非耦合举办地形象对于赛事旅游意愿（$\beta = 0.300$，$p = 0.000$）和赛后旅游意愿（$\beta = 0.421$，$p = 0.001$）均产生正向影响。因此，假设 H1a、H1b、H1c、H2a、H2b 均得到验证。

表6-16　假设检验结果

假设	路径	标准化系数	t 值	检验结果
H1a	非耦合赛事形象→赛事旅游意愿	0.513	7.396[***]	支持
H1b	耦合形象→赛事旅游意愿	0.188	2.950[**]	支持
H1c	非耦合举办地形象→赛事旅游意愿	0.300	4.491[***]	支持
H2a	耦合形象→赛后旅游意愿	0.533	4.370[***]	支持
H2b	非耦合举办地形象→赛后旅游意愿	0.421	3.177[***]	支持

注：** 表示 p<0.01，*** 表示 p<0.001。

6.5.4　研究结论与启示

6.5.4.1　结论

本研究以成都马拉松为例,从形象分析的角度出发,采用文本分析及结构方程模型验证的混合研究方法,解析了赛事形象和举办地形象之间的耦合关系,并验证了不同形象对于赛事旅游意愿和赛后旅游意愿的差异化影响作用,最终得到以下研究结论:

(1)赛事形象与举办地形象之间存在耦合关系。赛事形象和举办地形象可以被细分为非耦合赛事形象、耦合形象和非耦合举办地形象三个部分,赛事形象和举办地形象之间存在着交叉重合的部分。以往虽然有对于赛事形象和举办地形象的研究,但往往是从体育赛事或旅游的单一角度出发,将一方作为另一方的附属加以分析,较少将二者放在同一层次上进行解析。本研究不仅将二者置于同一层面,而且在此基础之上,提炼出非耦合赛事形象、耦合形象以及非耦合举办地形象三个更为细化和深入的概念,清楚地描绘出赛事形象和举办地形象之间相互独立又彼此关联的关系。

(2)非耦合赛事形象、耦合形象和非耦合举办地形象对于赛事旅游意愿均具有积极的影响作用,但是仅耦合形象和非耦合举办地形象对于赛后旅游意愿具有积极的影响作用。通过实证检验,本研究发现不同形象所发挥的作用并不完全相同。其中,非耦合赛事形象仅能对赛事旅游意愿产生正向影响(H1a)。因为非耦合赛事形象只代表了赛事的特征,故只对赛事观众产生影响,吸引其实地观赛,成为赛事旅游者。而举办地形象(包括非耦合举办地形象和耦合形象)可以对赛事旅游意愿(H1b、H1c)和赛后旅游意愿(H2a、H2b)产生影响。具体来说,对于赛事观众的赛事旅游意愿,举办地形象中的非耦合举办地形象代表了该地的旅游接待水平。非耦合举办地形象越好,表明赛事保障水平越高,举办地可以为赛事观众带来更好的观赛体验和服务,赛事观众会更愿意选择前往举办地观看赛事。耦合形象则代表着赛事和举办地相契合的部分,反映了赛事在当地举办的特征要素,以此对赛事观众产生独特的吸引力。而对于赛后潜在旅游者的到访意愿,举办地形象作为目的地形象,可以利用本身的旅游资源等吸引到范围更广泛的旅游者,而其中耦合形象的部分象征着赛事文化遗产,同时融入了举办地的特征元素,即使在赛事结束后仍然能给旅游者留下鲜明的印象,可以对旅游者的体验起到锦上添花的作用,为旅游者增添一份出游的动力。

6.5.4.2　启示与建议

(1)赛事举办地应该重视耦合形象,积极打造赛事与举办地的耦合形象。

耦合形象是赛事形象与举办地形象的共同代表，既能够在赛事举办期间吸引赛事观众，让更多热爱体育赛事的人聚焦于赛事举办地，又能够在赛事结束后较长一段时间里继续对潜在旅游者产生吸引，促进来访旅游者数量的增长，从而实现体育与旅游产业间的联动效应，最终达到社会效应与市场效应双赢的有利局面。总体来看，赛事举办地通过打造耦合形象，一方面可以有力地区别于其他举办地相似的赛事，树立独特的赛事形象，提高赛事的辨识度；另一方面为赛事举办地增添了有别于其他旅游目的地的独特赛事旅游资源，延长体育赛事的影响时效，在赛事举办结束后仍可以持续地发挥赛事的影响力，将赛事打造成为举办地的名片。

（2）有效打造耦合形象。对赛事举办地而言，可以通过以下措施有效打造耦合形象：第一，在筹备赛事的过程中，有意识地将本地文化符号、城市特色与赛事相融合；第二，力图留下相关的赛事文化遗产，如体育场馆及具有代表性的赛事相关建筑；第三，注重打造体现赛事与举办地相结合的标志性口号或宣传语；第四，注重体育赛事与旅游文化资源的规划结合。

6.6　ATP250 成都网球公开赛赛事形象研究

6.6.1　成都网球公开赛简介

成都网球公开赛即 ATP250 世界巡回赛成都公开赛。ATP250 世界巡回赛是职业网球协会（Association of Tennis Professional，ATP）每年在世界各地巡回举办的职业网球赛事，在全球范围内有多个比赛的举办城市。2016 年 6 月 29 日，ATP 正式宣布，原定于在马来西亚吉隆坡举办的 2016 年 ATP250 赛事改由成都举办，此后 ATP250 世界巡回赛正式落户成都。作为 ATP250 世界巡回赛的一站比赛，成都网球公开赛从 2016 年起每年 9 月至 10 月在四川国际网球中心举行，至 2018 年已连续举办三届比赛。成都网球公开赛是中国西部地区迄今举行的最高级别国际职业网球赛事，成都也成为继上海、北京、深圳之后第四个举办 ATP250 世界巡回赛的中国城市。按照赛事级别及规则，成都公开赛的男单冠军可获得 250 个积分，此外，2018 年成都网球公开赛的总奖金共计 1 183 360 美元。成都网球公开赛由中国网球协会和成都市人民政府主办，成都市体育局、双流区人民政府、成都文化旅游发展集团承办，四川川投国际网球中心、央视 IMG（北京）体育赛事管理有限公司与上海巍美文化发展有限公司协办。比赛地点为四川国际网球中心。此项赛事吸引了很多国际网球明星前来参赛，为世界球迷呈现一场场精彩的网球赛事。

　　ATP 成都公开赛从 2016 年举办至今，已经成为成都的一项具有国际影响力的城市自主品牌 IP 赛事，这项赛事已经成为成都的一道靓丽的风景线，是彰显成都"世界赛事名城"身份的重量级国际赛事。2016 年首届成都公开赛被评为 ATP250 世界巡回赛年度最佳赛事前三甲，2018 年成都公开赛决赛被评为 ATP 世界巡回赛年度最佳决赛（四川体育，2019）。这项品牌赛事已成为成都市的宣传窗口。2019 年 ATP 成都网球公开赛（见图 6-35、图 6-36），吸引了成都市民和诸多人士积极参与（成都日报，2019），有 30 000 余人次观众到现场观看比赛，全程共实现媒体报道 1 156 频次，广告投放 1 368 频次，总传播价值达 5 532 万余元，户外广告及媒体传播更加精准到各类人群，使赛事信息直达受众，用优质的传播内容创造了极高的传播价值，充分证明了成都市通过引入 ATP 国际赛事在推广网球、开拓网球市场等方面的有效性，充分展示了成都打造世界赛事名城的实力和风采，有效提升了成都市的国内国际影响力及美誉度。

图 6-35　2019 年成都网球公开赛现场情况

图片来源：https://weibo.com/u/6011209515？refer_flag=1001030103_.

图 6-36　2019 年成都网球公开赛颁奖情况

图片来源：https：//weibo.com/u/6011209515？refer_flag＝1001030103_.

6.6.2　成都网球公开赛赛事形象

成都曾先后举办过 ATP 冠军巡回赛、ITF 国际男子网球巡回赛等较高级别的国际网球赛事，拥有了丰富的赛事举办经验，但是这些赛事的级别远不及 ATP250 世界巡回赛。虽然成都网球公开赛作为国际职业网球赛事具有一定的知名度，但是成都网球公开赛的影响力却并不理想。成都网球公开赛自 2016年开始举办，至 2019 年只举办了四届比赛，发展时间不长，致使成都网球公开赛还未形成品牌效应。成都网球公开赛的奖金在 ATP250 同级别赛事中的奖金已属最高，但是比起上海大师赛和中国网球公开赛等赛事的奖金，其比赛奖金还是略逊一筹，因此对世界顶级网球选手的吸引力不足。2018 年成都网球公开赛的参赛球员有 2018 年温网亚军安德森、当时世界排名第 13 位的西班牙球员布斯塔、2017 年 ATP 新生力量总决赛冠军郑泫、当时世界排名第 14 位的意大利球员弗格尼尼，以及中国第一位大满贯青少年男单冠军得主吴易昺等。网球比赛的观赏性在于双方球员的竞技性和对抗性的精彩程度，高水平运动员的比赛更能吸引观众。由于参加成都网球公开赛的球员并不都是顶尖网球明星，故而降低了公众对赛事的期望值和关注度。成都网球公开赛比赛地点为四川国际网球中心，该场馆的硬件设施等都已达到国际标准，但是场馆附近的公共配套设施仍无法满足观赛群众的需求。四川国际网球中心位于双流新城区运动休闲生态公园的核心区域，场馆周边环境优美，但是公共交通却无法满足观赛人群的出行需求，场馆距离地铁站有 10.8 千米，虽然比赛期间增加了公交班次，但是公共汽车无法彻底解决交通问题从而降低了球迷观赛积极性，不利于赛事的传播，影响了赛事形象的树立。

6.6.3 赛事与城市的形象耦合

成都作为一个传统文化与现代文明融合的城市，城市综合竞争力不断提升。根据全球知名城市评级结构 GAWC 发布的世界城市评价报告，成都城市综合竞争力已迈入世界城市 100 强。成都不仅以传统文化和历史人文积淀吸引着全球各地的人们认识这座城市，更是以现代化的发展吸引着全球的目光。成都不仅要保持长远的经济发展，更需要一些重要事件树立国际形象，提高城市知名度。网球这项具有观赏性的运动充满了独特的魅力，迸发着生机与活力。随着李娜在国际职业网坛取得辉煌的成就，许多观众开始关注网球赛事。成都承办 ATP250 世界巡回赛，累积办赛经验，树立赛事形象，不仅可以吸引世界各地网球爱好者了解和认识成都，同时也有助于提升城市知名度。

自 2002 年上海举办 ATP 系列赛事中最高级别的大师杯以来，上海不仅多次举办了大师杯，并且从 2009 年开始举办上海大师赛。中国网球公开赛自 2004 年发展至今，在国际网坛也取得了一定的知名度。而成都网球公开赛自 2016 年开始到 2019 年刚举办了四届，在成都的发展才属于起步阶段，名气不如上海举办的网球赛事，知名度还未真正打响。虽然 2019 年的赛事奖金已是同级别比赛中的最高额，但是与上海大师赛和中国网球公开赛比较，其金额并未对高级别网球运动员产生足够的吸引力，赞助商也不如前两个比赛那么多。2018 年成都网球公开赛只有七家赞助商，分别为成都兴城集团、神马专车、鸿星尔克、力健、四川蒙顶山茶业有限公司、尤尼克斯、冰川时代。这些赞助商多为本土企业，品牌层次也有待提升，无法显示出成都网球公开赛作为一个国际网球赛事的优势。这些品牌与赛事形象的耦合度较差，也不能体现成都的城市形象。

赛事形象与举办城市的目的地形象耦合度有待提高。部分观众使用"世界赛事名城""西南地区规格最高的网球赛"来描述成都网球公开赛，四川国际网球中心的硬件设施为观众带来了良好的观赛体验，高质量的比赛场馆符合国际标准，为比赛提供了不错的硬件支持，比赛场地条件契合国际网球赛事的形象。场馆周边还配套有川投国际酒店和龙江湖体育公园，打造成为以网球为特色的住宿和生态旅游的休闲度假地，以此吸引游客前来度假。赛事组委会还组织了球员与球迷互动的环节，现场气氛热烈（见图 6-37），让球迷更加近距离地感受比赛气氛，体验网球运动。以上这些表明赛事与目的地存在一定的耦合，但是这些耦合还需加深。因为网球场地限制与网球普及时间较短，运动形式偏高端，普通观众较少能随时体验网球运动，大部分都是喜爱观看网球比赛，会打网球的观众还是少数，网球运动普及程度还不够。加之四川国际网球中心所处位置较为偏僻，公共交通还未完善，出行的不便大大影响了观众观赛的积极性。通过分析网络上观众分享的观赛体验可以得知，观众大都是为了自己喜欢的网球明星来观看比赛的。这部分观众对成都网球公开赛的印象局限于赛事本身，只留下"此次网球公开赛在成都举办"的印象，对成都的城市印象较肤浅。从这些网友的印象来看，成都网球公开赛与城市目的地耦合形象较模糊，没有体现出成都作为举办地的辨识度。成都网球公开赛组委会为参赛球员提供了让他们感受中国传统文化的绘画活动，却未利用好这个机会去宣传本次赛事和成都的文化。并且活动也仅仅开展一次，形式也较为单一，对赛事形象和城市目的地形象的耦合度的提升无法起到显著作用。

图 6-37　2019 年成都网球公开赛热烈的现场氛围

图片来源：https://weibo.com/u/6011209515? refer_flag=1001030103_.

6.6.4 研究小结与建议

6.6.4.1 研究小结

（1）赛事影响力有待提升。成都网球公开赛是成都迄今举办的最高级别的国际网球赛事，但是在 ATP 系列巡回赛中级别并不算高。成都公开赛难以吸引国际顶尖网球明星，而网球的观赏性来自双方球员对抗的精彩程度，缺少顶尖球员的对垒，无法吸引大品牌赞助商，对提升城市形象的作用有限。

（2）赛事与举办地耦合形象较肤浅。通过对赛事形象的了解和网络评论的分析，举办成都网球公开赛对成都城市形象提升的作用尚不显著。首先成都网球公开赛的赛事属性没有融入成都的城市形象之中；其次没有采取良好的营销方法和宣传手段来增加对耦合形象的宣传，从而未给观众留下深刻的印象，使得城市知名度无法借助这项国际赛事获得提升。

（3）赛事与举办地耦合维度单一。成都在举办 ATP 网球公开赛后，未给观众留下综合性的印象，赛事与举办地的耦合形象单一，仅仅是让观众知道 ATP 网球公开赛在成都举办过。随着未来举办更多届的赛事，应该将城市文化符号与赛事形象有机结合起来，多维度地结合赛事、宣传赛事的同时，也将成都这张城市文化名片传扬出去，提升城市国际形象。借助 ATP 网球公开赛的契机，让世界各地的人们被成都城市属性吸引，来到成都这座现代与传统融合的活力之城游览参观。

6.6.4.2 建议

（1）提升赛事等级，提高国际赛事影响力。成都网球公开赛作为 ATP250 巡回赛事来说，其赛事等级还有很大的提升空间。ATP 系列赛事还有 ATP500 巡回赛、ATP1000 巡回赛等。成都 ATP250 网球巡回赛的男单冠军积 250 分，对于世界顶尖网球选手来说，吸引力不强。要努力提高赛事等级，举办更高级别的国际网球比赛，吸引更多国际顶尖网球选手参赛，增加比赛的观赏性，提高赛事影响力。正如网友评论的："ATP 250 世界巡回赛，今天的男单决赛精彩纷呈，成都的网球氛围太赞了。最终，资格赛球员、来自澳大利亚的托米奇 2：1 战胜头号种子、来自意大利的现世界排名第 13 的弗格尼尼，一路黑到底，拿到今年（2018 年）成都公开赛的冠军。'晓看红湿处，花重锦官城'，希望成都公开赛在不远的将来，可以升级成 ATP 500 或更高级别的赛事。"由此可见，观众期待着更高级别的网球赛事，这不仅有利于大家认识成都这座城市，还能让许多国际一线品牌将战略目光转向成都这座新一线城市，为赛事发展做出进一步的宣传，形成国际网球赛事的标志赛，也为成都的发展带来更多机遇，有利于成都城市形象在国际上的传播。

（2）融合城市特色，打造国际赛事品牌形象。目前成都网球公开赛虽然在国际一流的场馆里举行，这个场馆具有现代化的功能，但人们想到成都网球公开赛只是单纯地想到这是一个网球比赛，对成都这座城市没有产生任何印象，不利于成都城市形象的建立。从网友的评论可看出，观众对赛事的印象都只是集中于赛况和赛果，关注赛事本身，而对成都的城市印象相对模糊。"今日，西南地区规格最高的网球赛——ATP250成都网球公开赛已经拉开序幕，由温网亚军安德森领衔的明星选手齐聚成都。今日，组委会专门邀请了国画大师在杜甫草堂与网球明星共同作画，让他们感受中国传统文化的魅力。"从网友评论来看，也提到了让来自世界各地的选手感受中国传统文化，了解成都特色。要努力将这些具有成都印记的传统文化融合在比赛中，让运动员和观众都能体验到成都特色，打造成都特有的赛事品牌形象，让赛事形象与城市形象相结合，相辅相成，互相促进。

（3）多方位耦合，增加耦合维度，加深耦合层次。整合赛事形象与目的地形象，形成多方位的耦合，树立一个全面的耦合形象。不仅着重加深在文化方面的耦合，更要增加耦合维度，将赛事结合不同的成都特色。多采取宣传手段，让国内外观众都能感受到成都网球公开赛的气氛，良好的运动氛围吸引大众的关注度。成都网球公开赛场馆硬件条件已达到国际标准，要努力再通过提高相应公共配套措施来完善赛事形象，促进成都打造"世界赛事名城"目标的实现。

7 对四川体育赛事发展的建议

本研究基于品牌形象和产业耦合理论，通过对体育赛事与办赛城市形象的分析，解析两者之间的耦合关系，评估城市与赛事的形象耦合程度与结合方式，探讨赛事与城市耦合发展的影响。我们通过对国际赛事、国内赛事和四川省内赛事的分析和比较，发现体育赛事的举办能够给人们留下深刻、积极的印象，对城市形象起到重要的宣传作用。但是，研究结果也表明，由于城市元素与赛事的耦合程度仍处于浅层耦合阶段，赛事的举办带给城市的影响以及城市给予赛事品牌的支撑不如预期。综合上述研究结果，本研究为四川省体育赛事的发展提出几点建议：

7.1 结合四川省实际情况，贯彻国家体育政策

近年来，国家大力支持体育产业的发展。2016 年，国家体育总局发布的《体育产业发展"十三五"规划》中指出，到 2020 年，中国体育产业总规模要超过 3 万亿元，从业人员超过 600 万人，产业增加值在国内生产总值中的比重达 1.0%，体育服务业增加值占比超过 30%。在政策的推动下，各省的体育产业均进入快速增长期，各省均在积极策划申办各项体育赛事。首先，四川省在策划申办体育赛事时，必须深刻领会和深入贯彻国家政策精神，成立专项小组解读政策，密切关注国家政策和体育赛事的发展方向，使四川省体育产业的发展融入国家体育产业发展的大趋势。其次，四川省举办体育赛事还需要密切关注国家发展战略。例如，当前举办体育赛事发展就要结合全民健身、健康中国、"一带一路"倡议，合理规划布局体育赛事。最后，四川省还要深入理解与全面推动供给侧结构性改革，结合四川省的旅游发展现状调整体育赛事类型，丰富体育赛事供给。体育赛事通过吸引外地参赛者和观赛者前往办赛地参加体育赛事，可以发挥办赛地旅游吸引物的作用，有利于调整办赛地的旅游吸

引物类型，因此在策划申办体育赛事时，需要结合四川省的地域特色和旅游活动的季节性，通过体育赛事的主题、举办时间和活动内容等的统筹策划，促进四川省旅游产业的更优发展。

7.2 突出城市特色，促进赛事品牌形象和办赛城市形象耦合

本研究项目将参赛者和观赛者对体育赛事和办赛地的形象感知划分为体育赛事和办赛地的耦合形象、非耦合赛事形象和非耦合办赛地形象。耦合形象使得赛事举办地与雷同性体育赛事的其他举办地区分开来，有利于树立赛事举办地自身的综合形象，提高本地形象的辨识度。与此同时，耦合形象代表着赛事形象与目的地形象的共同特征，象征着赛事和旅游资源的优势结合，既可以在近期吸引赛事观众，又可以对远期旅游者产生吸引力。然而对四川省内体育赛事的案例分析显示，城市形象和体育赛事形象的耦合程度较低，有待进一步提升。因此，四川省的赛事举办城市应有意识地打造本市和体育赛事的耦合形象，以期既能够在赛事期间吸引赛事观众，又能够在赛后吸引大量潜在旅游者，进而实现体育与旅游产业间的联动效应，最终达到社会效应与市场效应双赢的有利局面。具体来说，赛事举办城市可以通过以下具体手段来打造耦合形象：首先，在赛事筹备期间，考虑将城市的文化资源、城市特色等融入体育赛事之中，为赛事注入当地的文化内涵；其次，保留与体育赛事相关的体育场馆、其他赛事建筑等，将其视为城市的赛事文化资源，有助于吸引后续的赛事旅游者；最后，城市管理者、赛事主办方应当通力合作，在赛事规划初期，注重将体育赛事与城市旅游文化资源相结合。以近年来蓬勃发展的马拉松运动为例，其在社会上掀起了空前的全民路跑热潮。2015 年，全国各项马拉松赛事共举办 120 场，市场规模达 300 亿元。四川作为西部地区的省份，其城市在举办马拉松赛事时，要充分考虑到当地城市的文化特色，以城市文化特色为依托举办马拉松比赛。比如重庆国际马拉松国内运动员参加奥运会选拔赛，显示出赛事的专业性，同时赛事还注重突出城市的文化特色——长江文化。成都市举办的双遗马拉松定位为"连接双遗，跑回到公元前"，赛道设计充分考虑了成都"天府之国"的城市特色和极具代表性的"国宝熊猫"，赛道串联了都江堰、青城山、大熊猫繁育基地等著名景观，成为国内首个连接世界文化遗产和世界自然遗产的马拉松赛道，非常完美地实现了马拉松赛道设计和成都城市标

志性景观的融合。参赛者对办赛地形象的感知分析也显示参赛者对成都丰富旅游资源的认知非常强烈，整体形象的耦合是成都双遗马拉松仍需坚持并进一步突出的优势之一。另外，以成都马拉松赛事为例，2017 年成都马拉松赛事形象与举办地形象（亦即成都城市形象）的耦合尚处于较肤浅的层次。赛事组织者和城市管理者可以借助一些措施来增强其耦合形象。比如，在筹办和规划马拉松赛事期间，充分考虑成都当地独具特色的自然旅游资源、人文旅游资源，结合城市特有的景观风貌，打造独特的"成都马拉松"赛道，令赛道途经的景区景点均能体现成都特色，将成都的旅游形象融入马拉松赛事之中，以区别于其他的马拉松赛事形象；而且赛事举办地不仅需要挖掘其代表性地方文化并使其成为赛事形象重要组成部分，还需要将办赛地所弘扬的地方精神同赛事精神高度契合起来，以打造鲜明的耦合形象。

7.3 坚持"谋赛"与"谋城"协调发展，提升体育赛事与城市发展的耦合程度

体育赛事与城市发展之间的关系十分密切，两者彼此作用，又相辅相成。本研究借助耦合理论解析了体育赛事和城市发展的耦合机理，进而建立起两系统的评价指标体系。为进一步增强体育赛事与城市发展的耦合协调关系，首先，城市管理者应该强化对体育赛事和城市发展之间相互促进、共同作用的战略认识，深化"办赛事就是办城市"的发展理念。在成都市推进赛事名城建设的过程中，管理者需要坚持赛事与城市发展彼此协调的原则，推动以"赛"谋"城"、以"城"促"赛"的发展机制。在加大对赛事投入，提高赛事经济效应与社会效应，推动城市高质量发展的同时，也应该加大对城市经济、社会和空间规划建设的投入，提升城市的服务能力，以便全面保障赛事的成功举办，提高赛事质量。其次，增强成都体育赛事与城市发展系统的耦合协调发展关系，促使两系统的耦合协调迈向更高的等级。两系统已经初步迈入协调阶段，目前是赛事发展领先于城市发展。管理者需要发挥领导作用，合理规划并指导体育赛事的开展，以此带动城市的良性发展。具体来说，应加强对国际知名赛事和自主品牌赛事的策划、组织和运营工作，提升赛事影响力和辐射力，充分发挥赛事改善城市产业结构、促进城市经济增长、提升城市形象等积极效应，真正实现"办赛事"服务于"办城市"，提高两者耦合协调发展的程度。

7.4 准确定位，加大赛事宣传力度，提升赛事影响力

首先，每一个办赛城市都要明确举办体育赛事的核心价值，树立发展体育品牌赛事的宗旨。在筹备赛事的过程中，除了积极地利用自然资源举办需要特殊赛场条件的赛事外，也应有意识地将本地文化符号、城市特色与赛事相结合，留下相关的赛事文化遗产，如体育场馆及有标志性的赛事相关建筑物，以及塑造如"奥运城市""青奥城市"等标志性符号名称。体育赛事的定位要充分融合办赛城市文化，使得体育赛事不仅体现一个城市的客观物质基础，也要体现一个城市的精神风貌与内在文化。体育赛事符号在塑造、宣传体育赛事运动形象，传递赛事信息的同时，也要融合办赛城市特色积极传播办赛地的优秀传统文化、地域风貌、风土人情和民族精神，从开幕式表演到奖牌、纪念物、宣传口号的设计，都应充分体现与赛事精神和办赛城市特色的深度融合，使体育赛事成为举办城市文化的缩影。以成都马拉松赛事为例，赛事组织方应当针对成都这一目的地的形象个性和特色，科学合理地定位赛事形象。体育赛事融合办赛城市的特色文化有助于旅游目的地在赛事举办后的远期发展，持续保持体育赛事的影响力，有效地延长体育赛事的积极影响。成都市的城市综合竞争力较强，城市特色和优势明显，知识、和谐、文化和信息指标突出，这对城市举办大型体育赛事具有重要的影响力。因此，成都市需要积极打造以国际网球大奖赛、国际自行车赛、篮球联赛、双遗马拉松等有较大国内国际影响力的赛事体系。

其次，办赛城市在体育赛事的筹备期间和办赛期间都需要加大赛事的宣传力度，提升赛事影响力。在赛事筹办期间，可以通过一系列的宣传促销，积极扩大赛事影响力，吸引最广泛的体育赛事旅游者在赛事主办期间来办赛城市参赛、观赛；赛事主办方应该与多家媒体平台开展合作，提高网络渠道可进入性，保证赛事传播和参与渠道畅通，使赛事官网在主要搜索引擎页面直观可视化或在赛事举办地官网首页置顶，同时建立参赛者在线答疑程序，及时消除赛前参赛者疑虑，形成主办比赛态度严谨、赛事准备专业的良好印象。在赛事举办期间，赛事组织者应该不断地将办赛城市的特色和精神文化融入一系列具体的体育比赛之中，通过规模宏大的仪式、象征性事件或鲜明的标识，系统地将城市的地域特色、精神风貌和文化底蕴借助体育赛事的举办传播给赛事旅游者。

7.5　多方面完善赛事组织管理，提高参赛者满意度

体育赛事的组织管理对办赛地政府的管理智慧要求很高，成功申请并完成一场高质量的体育赛事是对一个城市综合管理能力的考验。以蓬勃发展的马拉松赛事为例：第一，马拉松赛事对赛道的要求很高，大多数城市马拉松赛道具有开放性的特点，这就导致赛事可控性较差，安保工作具有一定困难，同时赛道多涉及城市主干道，对城市的公共秩序及道路交通会造成一定影响，在比赛前期和比赛过程中需要对整个赛道在不同时间段、不同路段进行交通管制，直到最后一名选手安全抵达才取消。然而一旦实施交通管制，必然会在一定程度上影响市民正常出行，需要各个部门共同参与、协调配合，这体现了一个城市的办事效率和沟通协作能力。第二，有影响力的国际马拉松赛事的举办，往往会吸引大量的外地参赛者和观赛者涌入办赛城市，考验了城市是否具备充足完善的接待能力。因此，城市管理者需要投入大量资源，建设或完善城市的基础设施，提升城市的整体软硬件设施和服务质量，以期为赛事旅游者等提供优质的服务。第三，马拉松赛事的成功举办还需要体育、交通、电力、医疗、媒体、安保等部门相互合作，以保障赛事安全顺利进行。其中，马拉松赛事对于交通的要求非常高。交通部门对于城市交通的充分规划，有助于提升马拉松的赛事水平。譬如，考虑马拉松赛事的规模，交通部门应该对当地的公路等进行合理扩容。并且，结合马拉松赛事的等级，考虑对赛道进行改造升级，提升参赛者的赛事满意度。而且体育赛事通常规模较大、会期较短，需要在赛前以最高的效率召集大量的工作人员和志愿者进行服务，这对政府的人力资源调配能力也是一个考验。可见，马拉松赛事的组织管理是考验城市政府执行效率是否高效、管理体制是否先进、运作机制是否合理的重要标准。

然而对成都马拉松及成都双遗马拉松两个赛事的案例分析结果显示，参赛者对四川省内体育赛事的组织管理还存在较多不满意的地方。如参赛者认为成都马拉松赛事现场观众热情度低，成都双遗马拉松赛道设计不完美，坡道多且长，入场与起跑点的秩序不佳等。所有这些不满意因素均反映出四川省内体育赛事的组织管理还有较多不尽如人意的地方。体育赛事主办方和办赛城市政府必须以参赛者的体验为依据，从多个方面完善体育赛事的组织管理，提高参赛者对赛事的满意度。

7.6 延长体育赛事产品供给链，提高体育赛事与城市产业发展关联度

总体而言，体育赛事方和城市管理者应该加强体育赛事与城市产业的联系，实施以赛事为主体、以城市关联产业为支撑的发展策略。具体来说，即提升体育赛事与城市产业的契合和关联度，将体育赛事的产品供给链延长，让城市文化资源和体育运动完美结合。如今各产业的界限逐渐模糊，体育产业、旅游产业、文化产业不断融合，因此体育赛事主办方、城市管理者应站在支撑产业成长、促进产业发展的角度，紧紧围绕赛事本身，通过政策倾斜、政策支持等手段，积极培育与大型体育赛事相关的配套产业和延伸产业，打造全产业链，支持与鼓励赛事与多类城市产业的融合发展。并且，成功的体育赛事应将其经济、社会、文化等综合效应进行延伸，并固化为稳定的产业模式。大型体育赛事一旦形成优越的品牌形象，就可以通过衍生产业链给城市带来持续收益。比如积极发展城市体育旅游、城市运动休闲等相关产业，不仅有助于加强赛事与城市产业的联系，更有利于促进赛事与城市产业的联动发展。具体以成都双遗马拉松为例，大熊猫和世界文化保护遗产是成都双遗马拉松不可替代的两个文化点。同时，"双遗"IP 也适用于其他具有深度文化属性的旅游城市，在马拉松赛事打造上，这无疑是个可复制的文化主题。因此，成都双遗马拉松赛事可以着力"熊猫""双遗"等元素，进行旅游创意商品的开发，开发文化创意衍生品产业。另外，可通过建立全民健身大数据库，以马拉松赛事结合双遗自然特色的集健身、休闲、娱乐、旅游、创意为一体的体育主题功能区的建设等，延伸成都马拉松比赛的产业价值。

参考文献

［1］ ACFC, BSP. A closer look at destination：Image, personality, relationship and loyalty - Science Direct ［J］. Tourism Management, 2013, 36（3）：269-278.

［2］ BING P, LI X R. The long tail of destination image and online marketing ［J］. Annals of Tourism Research, 2011, 38（1）：132-152.

［3］ S BALOGLU, K W MCCLEARY. A model of destination image formation ［J］. Annals of Tourism Research, 1999, 26（4）：868-897.

［4］ A BEERLI, JD MARTIN. Factors influencing destination image ［J］. Annals of Tourism Research, 2004, 31（3）：657-681.

［5］ L CHALIP, B C GREEN, B A HILL. Effects of Sport Event Media on Destination Image and Intention to Visit ［J］. Journal of Sport Management, 2003, 17（3）：39-41.

［6］ CHI G Q, QU H. Examining the structural relationships of destination image, tourist satisfaction and destination loyalty：an integrated approach ［J］. Tourism Management, 2008, 29（4）：624-636.

［7］ P K CHINTAGUNTA, S GOPINATH, S VENKATARAMAN. The Effects of Online User Reviews on Movie Box Office Performance：Accounting for Sequential Rollout and Aggregation Across Local Markets ［J］. Marketing Science, 2010, 29（5）：944-957.

［8］ R COLEMAN, G RAMCHANDANI. The Hidden Benefits of Non - Elite Mass Participation Sports Events：An Economic Perspective ［J］. International Journal of Sports Marketing & Sponsorship, 2010, 12（1）：24-36.

［9］ J L CROMPTON. An Assessment of the Image of Mexico as a Vacation Destination and the Influence of Geographical Location Upon That Image ［J］. Journal of Travel Research, 1979, 17（4）：18-23.

［10］ DANN, M S GRAHAM. Tourists´ Images of a Destination：An Alternative

Analysis [J]. Journal of Travel & Tourism Marketing, 1996, 5 (1-2): 41-55.

[11] DENG Q, LI M. A Model of Event-Destination Image Transfer [J]. Journal of Travel Research, 2014, 53 (1): 69-82.

[12] D DOBNI, G M ZINKHAN. In Search of Brand Image: A Foundation Analysis [J]. Advances in Consumer Research, 1990, 17 (1): 110-119.

[13] C FORNELL, D F LARCKER. Evaluating Structural Equation Models with Unobservable Variables and Measurement Error [J]. Journal of Marketing Research, 1981, 24 (2): 337-346.

[14] D GEFEN, D STRAUB. A Practical Guide to Factorial Validity Using PLS -Graph: Tutorial and Annotated Example [J]. Communications of the Association for Information Systems, 2005, 16 (1): 91-109.

[15] K P GWINNER, B V LARSON, S R SWANSON. Image transfer in corporate event sponsorship: assessing the impact of team identification and event-sponsor fit [J]. International Journal of Management and Marketing Research, 2009, 2 (1): 1-15.

[16] K K GIBSONB, H J GIBSON. Event image and traveling parents´ intentions to attend youth sport events: a test of the reasoned action model [J]. European Sport Management Quarterly, 2012, 12 (1): 3-18.

[17] P M HERR, D A AAKER, A L BIEL. Brand Equity and Advertising: Advertising´s Role in Building Strong Brands [J]. Journal of Marketing Research, 1993, 31 (4): 580.

[18] K HALLMANN, C BREUER. The impact of image congruence between sport event and destination on behavioural intentions [J]. Tourism Review, 2010, 65 (1): 66-74.

[19] L HATCHER, N O´ROURKE. A Step-By-Step Approach to Using SAS System for Factor Analysis and Structural Equation Modeling [J]. International Statistical Review, 2013, 83 (2): 325-326.

[20] HUNG C H. The Effect of brand image on public relations perceptions and customer loyalty [J]. International Journal of Management, 2008, 25 (1): 26-42.

[21] M R JALILVAND, N SAMIEI, B DINI, et al. Examining the structural relationships of electronic word of mouth, destination image, tourist attitude toward destination and travel intention: an integrated approach [J]. Journal of Destination Marketing & Management, 2012, 1 (1-2): 134-143.

［22］JR R E L. On the mechanics of economic development ［J］. Journal of Monetary Economics, 2011, 22（1）: 3-42.

［23］S KAISER, C ALFS, J BEECH, et al. Challenges of tourism development in winter sports destinations and for post-event tourism marketing: the cases of the Ramsau Nordic Ski World Championships 1999 and the St. Anton Alpine Ski World Championships 2001 ［J］. Journal of Sport & Tourism, 2013, 18（1）: 33-48.

［24］K KAPLANIDOU, J S JORDAN, D FUNK, et al. Recurring Sport Events and Destination Image Perceptions: Impact on Active Sport Tourist Behavioral Intentions and Place Attachment ［J］. Journal of Sport Management, 2012, 26（3）: 237-248.

［25］W KIM, H M JUN, M WALKER, et al. Evaluating the perceived social impacts of hosting large-scale sport tourism events: Scale development and validation ［J］. Tourism Management, 2015, 48（Jun）: 21-32.

［26］S K KOO, K K BYON, T A BAKER. Integrating Event Image, Satisfaction, and Behavioral Intention: Small-Scale Marathon Event ［J］. Sport Marketing Quarterly, 2014, 23（3）: 127-138.

［27］N KOTZE. Cape Town and the two oceans marathon: The impact of sport tourism ［J］. Urban Forum, 2006, 17（3）: 282-293.

［28］M KRUGER, M SAAYMAN, S ELLIS. Determinants of visitor spending: an evaluation of participants and spectators at the Two Oceans Marathon ［J］. Tourism Economics, 2012, 18（6）: 1203-1227.

［29］LAI K, LI Y. Image impacts of planned special events: Literature review and research agenda ［J］. Event Management, 2014, 18（2）: 111-126.

［30］K S MASTERS, B M OGLES. An investigation of the different motivations of marathon runners with varying degrees of experience ［J］. Journal of Sport Behavior, 1995, 18（1）: 69.

［31］R J ORMEROD. Is content analysis either practical or desirable for research evaluation? ［J］. Omega, 2000, 28（2）: 241-245.

［32］PREUSS, HOLGER. A framework for identifying the legacies of a mega sport event ［J］. Leisure Studies, 2015, 34（6）: 1-22.

［33］S RAUTER, M DOUPONA TOPIC. Runners as sport tourists: The experience and travel behaviours of Ljubljana marathon participants ［J］. Collegium antropologicum, 2014, 38（3）: 909-915.

［34］J RITCHIE，B H SMITH. The Impact of a Mega-Event On Host Region Awareness：A Longitudinal Study［J］. Journal of Travel Research，1991，30（1）：3-10.

［35］A SATORRA，P BENTLER. Scaling Corrections for Statistics in Covariance Structure Analysis［M］. Los Angeles：Department of Statistics UCLA，2011.

［36］K S SCHIMMEL. Deep play：sports mega-events and urban social conditions in the USA［J］. 2006，54（Supplement s2）：160-174.

［37］F R SCHUMANN. Packaging enduring experiences：the marketing of international marathon tours in Japan［J］. Journal of East Asian Study，2013，（11）：199-213.

［38］A SMITH，B STEWART. The Travelling Fan：Understanding the Mechanisms of Sport Fan Consumption in a Sport Tourism Setting［J］. Journal of Sport & Tourism，2007，12（3-4）：155-181.

［39］SONG W. Impacts of olympics on exports and tourism［J］. Journal of Economic Development，2010，35（4）：93-110.

［40］J J SUMMERS，V J MACHIN，G I SARGENT. Psychosocial factors related to marathon running［J］. Journal of Sport & Exercise Psychology，1983，5（3）：314-331.

［41］鲍明晓. 论体育在促进城市发展中的作用［J］. 南京体育学院学报（社会科学版），2010，24（2）：1-8.

［42］曹礼园，李深洛. 一个基于高内聚和低耦合的多数据库分类方法［J］. 计算机与数字工程，2016，44（7）：1226-1229，1342.

［43］钟天朗，王荣朴，张林，等. 上海国际体育大赛与城市文化发展互动关系研究［J］. 体育科学，2009（6）：19-27.

［44］陈昆仑，等. 中国顶级马拉松赛事竞争力的综合评价与实证研究［J］. 天津体育学院学报，2017，32（6）：473-480.

［45］陈亮. 旅游视角下的上海F1大奖赛［J］. 旅游科学，2004（3）：52-56.

［46］陈文海，等. 面向对象软件中类内聚度度量分析与研究［J］. 计算机应用研究，2007（7）：40-42.

［47］陈玉萍，刘嘉毅. 大型体育赛事对城市旅游的影响及对策研究：以南京青奥会为例［J］. 山东体育科技，2016，38（3）：15-19.

［48］程春蕊，刘万军. 高内聚低耦合软件架构的构建［J］. 计算机系统应用，2009，18（7）：19-22.

［49］戴光全，保继刚. 西方事件及事件旅游研究的概念、内容、方法与

启发（上）[J]. 旅游学刊, 2003 (5)：26-34.

[50] 杜林颖. 体育赛事与城市发展的互动研究 [J]. 浙江体育科学, 2011, 33 (3)：35-38.

[51] 耿松涛, 李恒云. 基于社会交换理论的体育赛事旅游者消费决策行为研究：一个概念研究框架 [J]. 体育科学, 2012, 32 (11)：27-33.

[52] 顾朝林. 论中国城市持续发展研究方向 [J]. 城市规划汇刊, 1994 (6)：1-9, 2.

[52] 郭亚军, 张红芳. 旅游者决策行为研究 [J]. 旅游科学, 2002 (4)：24-27.

[53] 和立新, 张和. 我国体育赛事举办城市促进体育旅游服务质量影响因素分析 [J]. 北京体育大学学报, 2014, 37 (6)：16-20.

[54] 侯兵, 周晓倩. 长三角地区文化产业与旅游产业融合态势测度与评价 [J]. 经济地理, 2015, 35 (11)：211-217.

[55] 胡建忠, 邱海洪, 邓水坚. "体育+旅游" 视角下民族传统体育品牌赛事产业化研究 [J]. 首都体育学院学报, 2018, 30 (1)：42-46, 66.

[56] 黄海燕, 等. 体育赛事与上海旅游业互动发展研究 [J]. 上海体育学院学报, 2013, 37 (5)：37-41, 56.

[57] 黄海燕. 体育赛事与城市发展 [J]. 体育科研, 2010, 31 (1)：15-17.

[58] 江亮. 我国赛事品牌开发理论与实证探索：以环中国国际公路自行车赛为例 [J]. 中国体育科技, 2014, 50 (1)：112-124.

[59] 蒋中伟, 李国强, 姜明金. 我国马拉松赛事发展态势与前景展望 [J]. 体育文化导刊, 2020 (2)：31-38.

[60] 焦建玲, 柴王军. 中国城市马拉松赛事品牌形象感知研究：基于参赛者 "网络跑记" 视角 [J]. 浙江体育科学, 2018, 40 (5)：26-30, 107.

[61] 李春晓, 等. 选择域视角的旅游目的地决策动态研究 [J]. 南开管理评论, 2018, 21 (3)：215-224.

[62] 李天元. 关于旅游承载力理论应用问题的思考 [J]. 南开管理评论, 2001 (3)：57-60.

[63] 李小龙, 李杰凯. 近年来体育文化建设中赛事问题的警醒与反思 [J]. 天津体育学院学报, 2017, 32 (5)：423-428.

[64] 李兆元, 汪作朋. 论马拉松赛事对我国城市经济社会发展的价值 [J]. 经济研究导刊, 2018 (20)：117-118.

[65] 梁佳, 吕兴洋, 曲颖. 形象趋同与个性趋异：资源同质目的地品牌

差异化定位研究 [J]. 人文地理, 2016, 31 (5): 113-118.

[66] 廖重斌. 环境与经济协调发展的定量评判及其分类体系: 以珠江三角洲城市群为例 [J]. 热带地理, 1999 (2): 76-82.

[67] 刘超, 姜同仁, 秦立凯. 安徽省体育赛事表演业区域竞争力提升的研究: 基于皖与苏、浙、闽、沪的比较分析 [J]. 首都体育学院学报, 2018, 30 (2): 136-141.

[68] 刘德军, 张兆龙. 我国城市马拉松赛事举办的多维动因与质量提升 [J]. 南京体育学院学报 (社会科学版), 2017, 31 (4): 113-117.

[69] 刘东锋. 城市营销中体育赛事与城市品牌联合战略研究 [J]. 武汉体育学院学报, 2008 (5): 38-41.

[70] 刘东锋, 邱伟昌, 许海友. 举办重大国际单项体育赛事的基础性条件 [J]. 上海体育学院学报, 2009, 33 (5): 12-15.

[71] 赵民, 栾峰. 城市总体发展概念规划研究刍论 [J]. 城市规划汇刊, 2003 (1): 1-6.

[72] 刘力. 旅游目的地形象感知与游客旅游意向: 基于影视旅游视角的综合研究 [J]. 旅游学刊, 2013, 28 (9): 61-72.

[73] 刘丽敏, 吕兴洋, 刘祥艳. 随团游和自助游旅游者目的地感知形象差异分析: 以中国大陆赴台旅游者为例 [J]. 企业经济, 2016 (5): 128-133.

[74] 刘辛丹, 吕兴洋, 李惠璠. 基于网络跑记的马拉松赛事形象研究: 以北京马拉松为例 [J]. 中国体育科技, 2016, 52 (6): 38-42.

[75] 刘悦, 吕兴洋, 郭璇. 滑雪旅游目的地形象 IPA 分析: 以西岭雪山滑雪场为例 [J]. 四川体育科学, 2020, 39 (2): 120-123, 129.

[76] 刘悦, 吕兴洋, 周晓丽. 冰雪旅游需求的时空分布规律研究 [J]. 四川体育科学, 2020 (1).

[77] 刘悦, 吕兴洋, 周晓丽. 基于 "手段—目的链" 的冰雪体育特色小镇游客价值分析 [J]. 浙江体育科学, 2020, 42 (2): 24-29.

[78] 卢长宝, 郭晓芳, 王传声. 价值共创视角下的体育旅游创新研究 [J]. 体育科学, 2015 (6): 27-35.

[79] 伦立军, 丁雪梅, 李英梅. 面向对象系统的耦合性度量技术研究 [J]. 计算机工程与应用, 2003 (29): 116-118.

[80] 吕兴洋, 李春晓, 李惠璠. 感官印象: 旅游者忠诚的增益解 [J]. 旅游学刊, 2019, 34 (10): 47-59.

[81] 吕兴洋, 刘丽娟, 林爽. 在线信息搜索对旅游者感知形象及决策的

影响研究 [J]. 人文地理, 2015, 30 (5): 111-116, 133.

[82] 吕兴洋, 沈雪瑞, 梁佳. 在线信息搜索对目的地感知形象演化影响研究 [J]. 旅游学刊, 2015 (10): 70-79.

[83] 吕兴洋, 邱玮, 刘祥艳. 旅游者异质性对目的地绩效的影响研究 [J]. 旅游学刊, 2016, 31 (9): 72-79.

[84] 吕兴洋, 徐虹, 林爽. 品牌劫持: 旅游目的地形象异化演进过程研究 [J]. 旅游学刊, 2014, 29 (6): 67-75.

[85] 吕兴洋. 目的地感官营销: 原理与工具 [J]. 旅游导刊, 2020, 4 (2): 1-8.

[86] 孟阿丹. 大型体育赛事对举办城市形象影响的研究 [J]. 体育文化导刊, 2011 (5): 10-13..

[87] 彭学兵, 陈璐露, 刘玥伶. 创业资源整合、组织协调与新创企业绩效的关系 [J]. 科研管理, 2016, 37 (1): 110-118.

[88] 琼达, 赵宏杰. 基于地方情感的旅游目的地选择模型建构研究 [J]. 旅游学刊, 2016, 31 (10): 105-112.

[89] 曲颖, 李天元. 基于旅游目的地品牌管理过程的定位主题口号评价: 以我国优秀旅游城市为例 [J]. 旅游学刊, 2008, 23 (1): 30-35.

[90] 阮威. 大型体育赛事对城市体育旅游产业发展影响研究: 以南京市为例 [J]. 体育科技, 2018, 39 (4): 87-89.

[91] 沈建华, 肖锋. 大型体育赛事对城市形象的塑造 [J]. 沈阳体育学院学报, 2004, 72 (6): 745-746, 785.

[92] 生延超, 钟志平. 旅游产业与区域经济的耦合协调度研究: 以湖南省为例 [J]. 旅游学刊, 2009, 24 (8): 23-29.

[93] 宋忆玲, 刘悦. F1 中国大奖赛对上海城市形象的影响研究 [J]. 长治学院学报, 2018, 35 (5): 58-62.

[94] 苏小峰, 刘萍萍. 东西方观念差异下大型体育赛事形象景观与城市品牌构建刍议 [J]. 当代体育科技, 2014, 4 (7): 108-109.

[95] 孙高峰, 刘燕. 热追捧与冷思考: "马拉松现象" 对城市文化的影响及理性审视 [J]. 北京体育大学学报, 2018, 41 (4): 38-43, 88.

[96] 孙健, 王跃. 浅谈体育赛事形象管理 [J]. 河南教育学院学报 (自然科学版), 2009, 18 (1): 88-90.

[97] 田静, 徐成立. 大型体育赛事对城市发展的影响机制 [J]. 北京体育大学学报, 2012, 35 (12): 7-11.

［98］王京传，李天元.旅游目的地品牌标识评价研究：以中国优秀旅游城市为例［J］.旅游学刊，2012，27（2）：43-51.

［99］王克稳，李慧，耿聪聪，等.马拉松赛事旅游的国际研究述评、实践启示与研究展望［J］.体育科学，2018（7）：80-91.

［100］王志宇，王富德.F1赛事对上海区域旅游经济的影响浅析［J］.北京第二外国语学院学报，2005（1）：89-91.

［101］吴勤堂.产业集群与区域经济发展耦合机理分析［J］.管理世界，2004（2）：133-134，136.

［102］邢尊明.大型体育赛事形象景观研究［J］.体育文化导刊，2009，10（1）：36-41.

［103］徐维祥，刘程军.产业集群创新与县域城镇化耦合协调的空间格局及驱动力［J］.地理科学，2015，35（11）：1347-1356.

［104］鄢慧丽.体育赛事与举办地城市发展的耦合时序演化及影响因素研究［J］.中国体育科技，2019，55（3）：51-58.

［105］杨强.体育与相关产业融合发展的路径机制与重构模式研究［J］.体育科学，2015，35（7）：3-9+17.

［106］游松辉，孔庆涛.从悉尼奥运会看奥运会对举办城市的影响［J］.上海体育学院学报，2003（5）：11-12.

［107］张辉，罗建英，孙天星.城市马拉松和城市品牌认知的关系调查：基于现场参与者体验的视角［J］.北京体育大学学报，2020，43（6）：93-100.

［108］张俊军，许学强，魏清泉.国外城市可持续发展研究［J］.地理研究，1999（2）：96-102.

［109］张现成，苏秀艳，王景璐，等.大型体育赛事举办与改善民生的耦合路径［J］.北京体育大学学报，2015，38（1）：25-30，36.

［110］张晓程.F1赛事促进上海城市旅游可持续发展的研究［J］.山东体育学院学报，2010，26（12）：31-35.

［111］张晓琳.我国马拉松赛事"热"现象的价值解析［J］.沈阳体育学院学报，2016，35（4）：118-122.

［112］潘磊，刘芳枝.我国马拉松赛事网络关注度的时空演进及影响因素：基于2011—2018年百度指数的实证分析［J］.上海体育学院学报，2020，44（8）：78-86.

［113］赵红娟，姜健，杨涛.体育赛事对旅游目的地影响及其理论探析［J］.西安体育学院学报，2016，33（5）：533-537.

［114］谢洪伟. 大型体育赛事与城市发展耦合研究 ［D］. 北京：北京体育大学，2010：30-35.

［115］阮伟. 体育赛事与城市发展关系研究 ［D］. 北京：北京体育大学，2012：301-302.

［116］杜海松. 承办国际体育赛事对首都体育学院办学的影响 ［D］. 北京：首都体育学院，2010：1-40

［117］黄海燕. 体育赛事管理 ［M］. 北京：人民体育出版社，2012：43-56.

［118］吴明隆. 结构方程模型：AMOS 的操作与应用 ［M］. 重庆：重庆大学出版社，2010.

［119］阮伟，钟秉枢. 中国体育产业发展报告 ［M］. 北京：社会科学文献出版社，2015.

［120］艾尔·巴比. 社会研究方法 ［M］. 邱泽奇，译. 北京：华夏出版社，2009.

［121］吴明隆. 论文写作与量化研究 ［M］. 台北：五南图书出版有限公司，2008：6.

［122］刘辛丹，梁佳，吕兴洋. 体育赛事品牌标识评价研究——以中外著名体育赛事标示为例 ［J］. 山东体育科技，2016，38（5）：7-11.

［123］中国田径协会. 2015 北京现代·北京马拉松赛事总结报告 ［R］. 北京：北京市体育竞赛管理中心，2015：1-88.

［124］艾瑞咨询，CCTV 微视. 2018 年中国世界杯球迷观赛数据解读 ［R/OL］.（2020-09-10）［2018-07］. http：//report.iresearch.cn/wx/report.aspx?id＝3249

［125］成都日报. ATP 成都公开赛开赛倒计时"硬核"福利多 ［N/OL］.（2020-10-20）http：//www.chengdu.gov.cn/chengdu/home/2019-09/16/content_ 70fc5d9e442646fb967bba0b4a7784c6.shtml.

［126］成都日报. "十三五"期间 成都文旅行业发展迅猛 ［N/OL］.（2020-12-15）［2021-03-10］. http://www.cdrb.com.cn/epaper/cdrbpc/202012/15/c72988.html.

［127］成都市人民政府. 成都市建设世界赛事名城 促进体育产业发展的若干政策措施的解读 ［EB/OL］.（2019-09-24）［2021-03-10］. http://gk.chengdu.gov.cn/govInfoPub/detail.action? id＝2444630&tn＝2.

［128］成都市体育局. 成都市体育发展"十三五"规划 ［EB/OL］.（2017-12-04）［2021-03-10］. http://gk.chengdu.gov.cn/govInfoPub/detail.action? id＝

94883&tn=6.

[129] 成都晚报.《成都市文化产业发展"十三五"规划》发布 [N/OL]. (2017-05-18) [2021-03-10]. http://scnews.newssc.org/system/20170518/000780372.html.

[130] 国家体育总局.建设世界赛事名城　成都加快体育产业发展 [EB/OL]. (2019-08-30) [2021-03-10]. http://www.sport.gov.cn/n319/n4832/c925064/content.html

[131] 国务院.关于加快发展体育产业促进体育消费的若干意见 [Z]. (2021-1-20) http://www.gov.cn/zhengce/content/2014/10/20/content_9152.htm.

[132] 红星新闻.2020年成都市政府工作报告 [EB/OL]. (2020-05-19) [2020-03-07]. https://www.sohu.com/a/396154093_116237.

[133] 四川省人民政府.经济运行加快恢复　2020年成都GDP增长4.0% [EB/OL]. (2021-01-29) [2021-03-07]. http://www.sc.gov.cn/10462/10464/10465/10595/2021/1/29/a99dac38a39a446194655f624c57a992.shtml.

[134] 四川体育.建设世界赛事名城,"成都网球"成为生力军 [EB/OL]. (2019-07-08) [2019-08-26]. http://www.sohu.com/a/325593910_505579.

[135] 中商产业研究院.2017中国最热门50个旅游城市排行榜 [EB/OL]. (2017-12-20) [2018-10-01] http://top.askci.com/news/20171220/160234114354.shtml.

[136] 中国体育报.总产值破700亿元 成都体育休闲产业驶入发展快车道 [N/OL]. (2020-04-24) [2021-03-10] http://www.sports.cn/cydt/jsxx/2020/0424/316641.html.

[137] 四川省人民政府.《成都市服务业发展2025规划》出台 [EB/OL]. (2016-02-23) [2021-03-10] http://www.sc.gov.cn/10462/10464/10465/10595/2016/2/23/10370470.shtml.

[138] 华西新闻.成都双遗马拉松3万人今日开跑 [N/OL]. (2018-03-19) [2021-03-15] http://news.huaxi100.com/index.php?m=content&c=index&a=show&catid=18&id=983136.

附　录

附录 1　F1 与上海城市耦合形象调研问卷

尊敬的先生/女士：

您好！感谢您在百忙之中抽出时间参加本次问卷调查！本问卷采用匿名方式进行，调查结果仅用于学术研究，请按照您的真实想法填写，谢谢！见附表 1～附表 12。

附表 1　目的地形象（DI）

题目	非常 不同意	不同意	有点 不同意	无感	有点同意	同意	非常同意
上海有优质的基础设施 （道路、机场和/或公用设施）	1	2	3	4	5	6	7
上海有合适的住宿	1	2	3	4	5	6	7
上海有良好的旅游信息网络 （旅游中心）	1	2	3	4	5	6	7
上海有良好的卫生和清洁 标准	1	2	3	4	5	6	7
上海是安全的	1	2	3	4	5	6	7
上海有良好的购物设施	1	2	3	4	5	6	7
上海有美丽的风景	1	2	3	4	5	6	7
上海有良好的气候	1	2	3	4	5	6	7
上海提供有趣的文化活动 （节日和/或音乐会）	1	2	3	4	5	6	7
上海有有趣的历史景点	1	2	3	4	5	6	7
上海有美丽的自然景观	1	2	3	4	5	6	7
上海的住宿价格合理	1	2	3	4	5	6	7
去上海旅游不昂贵	1	2	3	4	5	6	7
去上海旅游很值得	1	2	3	4	5	6	7

题目	非常 不同意	不同意	有点 不同意	无感	有点同意	同意	非常同意
上海是一个令人满意的 旅游目的地	1	2	3	4	5	6	7
上海是一个令人愉快的 旅游目的地	1	2	3	4	5	6	7
上海是一个令人兴奋的 旅游目的地	1	2	3	4	5	6	7
上海是一个新颖的旅游 目的地	1	2	3	4	5	6	7

附表2 粉丝参与度（FE）

题目	非常 不同意	不同意	有点 不同意	无感	有点同意	同意	非常同意
我试着参与这个活动（F1）	1	2	3	4	5	6	7
我做了一些事情让F1的 赛事管理更容易	1	2	3	4	5	6	7
F1的工作人员得到了 我的全力配合	1	2	3	4	5	6	7
我经常和其他车迷交流， 谈论与F1相关的问题	1	2	3	4	5	6	7
关于如何追随F1， 我经常给其他车迷提建议	1	2	3	4	5	6	7
我会花时间在社交媒体上 （如facebook，twitter）与F1 的其他粉丝分享信息	1	2	3	4	5	6	7
即使我最喜欢的车队或车手 在赛季没有成功，我也会穿 代表F1粉丝的衣服	1	2	3	4	5	6	7
即使我最喜欢的车队表现 不佳，我也会在我的衣服 上贴上它们的标志	1	2	3	4	5	6	7
即使这个车队本赛季不太 成功，我也会穿着印有我 最喜欢的车队名字的衣服	1	2	3	4	5	6	7

附表3 赛事形象（EI）

上海F1比赛							
形象描述词	非常 同意	比较 同意	有点同意	无感	有点 同意	比较 同意	非常 同意	形象描述词
不刺激	1	2	3	4	5	6	7	刺激
毫无价值	1	2	3	4	5	6	7	有价值
无聊	1	2	3	4	5	6	7	令人激动
令人沮丧	1	2	3	4	5	6	7	令人开心

上海 F1 比赛							
形象描述词	非常同意	比较同意	有点同意	无感	有点同意	比较同意	非常同意	形象描述词
丑陋	1	2	3	4	5	6	7	美丽
令人紧张	1	2	3	4	5	6	7	令人放松
无冒险精神	1	2	3	4	5	6	7	具有冒险性

附表 4 对上海 F1 比赛的总体态度

形象描述词	非常同意	比较同意	有点同意	无感	有点同意	比较同意	非常同意	形象描述词
好	1	2	3	4	5	6	7	差
积极正面	1	2	3	4	5	6	7	消极负面
满意	1	2	3	4	5	6	7	不满意

附表 5 目的地/赛事的形象满意度

题目	非常不同意	不同意	有点不同意	无感	有点同意	同意	非常同意
我对我的上海之行很满意	1	2	3	4	5	6	7
我对我在这个赛场体验到的服务感到满意	1	2	3	4	5	6	7
我对我在这个赛场体验到的服务感到开心	1	2	3	4	5	6	7
我对你们在这个赛场体验到的服务感到开心	1	2	3	4	5	6	7
总的来说，考虑到所有因素，我对我的生活质量很满意	1	2	3	4	5	6	7
总的来说，我支持在上海举办 F1 比赛	1	2	3	4	5	6	7

附表 6 赛事气氛

题目	非常不同意	不同意	有点不同意	无感	有点同意	同意	非常同意
赛场的标志清楚地指明了相关场地的位置	1	2	3	4	5	6	7
当地的道路条件使前往赛场很容易	1	2	3	4	5	6	7
赛场有足够的停车位	1	2	3	4	5	6	7
赛场的建筑赋予了它一个吸引人的特点	1	2	3	4	5	6	7
赛场被装饰得富有吸引力	1	2	3	4	5	6	7
这是一个漂亮的赛场	1	2	3	4	5	6	7

题目	非常 不同意	不同意	有点 不同意	无感	有点同意	同意	非常同意
赛场提供了足够的空间来 容纳人群	1	2	3	4	5	6	7
座位安排提供了足够的空间	1	2	3	4	5	6	7
赛场提供了舒适的座位	1	2	3	4	5	6	7
赛场的布局让你很容易 找到你的座位	1	2	3	4	5	6	7
赛场的布局让人去洗手间 很方便	1	2	3	4	5	6	7
赛场的布局让你很容易 得到你想要的那种(票价) 优惠	1	2	3	4	5	6	7
记分牌看起来很有趣	1	2	3	4	5	6	7
记分牌为比赛增添了乐趣	1	2	3	4	5	6	7
赛场上有高质量的记分牌	1	2	3	4	5	6	7
赛场提供了高质量的食物	1	2	3	4	5	6	7
赛场提供了合理的票价	1	2	3	4	5	6	7
赛场的小卖部提供 各种各样的食物	1	2	3	4	5	6	7

附表 7 价值感知（功利主义）

题目	非常 不同意	不同意	有点 不同意	无感	有点同意	同意	非常同意
上海 F1 赛事体验价格合理	1	2	3	4	5	6	7
上海 F1 赛事的体验 物有所值	1	2	3	4	5	6	7
上海 F1 赛事的体验 是值得的	1	2	3	4	5	6	7

附表 8 环保意识

题目	非常 不同意	不同意	有点 不同意	无感	有点同意	同意	非常同意
我经常使用蓝色或绿色的 盒子（袋）并回收利用	1	2	3	4	5	6	7
当我买包装好的东西时， 我经常检查它是否使用 可回收材料包装	1	2	3	4	5	6	7
我经常使用一次性产品 （例如塑料刀、塑料叉子、 塑料勺子和泡沫塑料杯）	1	2	3	4	5	6	7

附表 9　服务质量

题目	非常不同意	不同意	有点不同意	无感	有点同意	同意	非常同意
在上海 F1 赛事中，检票员非常有礼貌	1	2	3	4	5	6	7
在上海 F1 赛事中，安保人员非常有礼貌	1	2	3	4	5	6	7
在上海 F1 赛事中，服务员非常有礼貌	1	2	3	4	5	6	7
在上海 F1 赛事中，餐厅服务员非常有礼貌	1	2	3	4	5	6	7
在上海 F1 赛事中，票务人员非常友好	1	2	3	4	5	6	7
上海 F1 赛事的工作人员非常专业	1	2	3	4	5	6	7

附表 10　赛事影响

在上海举办 F1 赛事的影响	非常不同意	不同意	有点不同意	无感	有点同意	同意	非常同意
增加就业机会	1	2	3	4	5	6	7
增加小企业成长的机会	1	2	3	4	5	6	7
提高商品和服务的价格	1	2	3	4	5	6	7
提升上海的国际形象	1	2	3	4	5	6	7
促进旅游业的增长	1	2	3	4	5	6	7
改善旅游基础设施（如酒店、景点）	1	2	3	4	5	6	7
增加了社区精神和自豪感	1	2	3	4	5	6	7
增强了民族自豪感和爱国主义情怀	1	2	3	4	5	6	7
让人们对自己和社区感觉良好	1	2	3	4	5	6	7
促进人群交流	1	2	3	4	5	6	7
促进上海基础设施改善	1	2	3	4	5	6	7
创造了更好的住房选择机会	1	2	3	4	5	6	7
创建 F1 赛道（场地），用于 F1 赛事后的其他赛事	1	2	3	4	5	6	7
从其他对上海有利的项目中拿走了钱	1	2	3	4	5	6	7
浪费纳税人的钱来建造 F1 设施供游客参观	1	2	3	4	5	6	7
犯罪率上升	1	2	3	4	5	6	7
为所有人提供参与体育运动的机会	1	2	3	4	5	6	7

在上海举办 F1 赛事的影响	非常 不同意	不同意	有点 不同意	无感	有点同意	同意	非常同意
为当地居民提供千载难逢的体验	1	2	3	4	5	6	7
帮助人们获得新的技能和知识	1	2	3	4	5	6	7

附表 11　情绪感受

在 F1 赛事中，我感觉	非常 不同意	不同意	有点 不同意	无感	有点同意	同意	非常同意
无聊	1	2	3	4	5	6	7
愤怒	1	2	3	4	5	6	7
困倦	1	2	3	4	5	6	7
生气	1	2	3	4	5	6	7
快乐	1	2	3	4	5	6	7
精力充沛	1	2	3	4	5	6	7
兴奋	1	2	3	4	5	6	7
激动	1	2	3	4	5	6	7

附表 12　行为意愿

题目	非常 不同意	不同意	有点 不同意	无感	有点同意	同意	非常同意
我把 F1 赛事推荐给了我的家人和朋友	1	2	3	4	5	6	7
我可能会向那些想要旅游建议的人推荐这座城市	1	2	3	4	5	6	7
我明年还会参加上海 F1 赛事	1	2	3	4	5	6	7
我将来有可能再去参观这座城市（上海）	1	2	3	4	5	6	7
在不久的将来，我可能会通过大众媒体（电视、网络、社交媒体）关注我最喜欢的 F1 车队／车手	1	2	3	4	5	6	7
在不久的将来，我可能会购买我最喜欢的 F1 车队／车手的授权商品	1	2	3	4	5	6	7

请您提供以下资料：

1. 性别：a. 男性　b. 女性

2. 年龄（出生年份）：

3. 家庭年收入（元）（请在对应选项处画圈）：

a. 低于 20 000　b. 20 000~39 999　c. 40 000~59 999　d. 60 000~79 999
e. 80 000~99 999　f. 100 000 以上

4. 婚姻状况（请在对应选项处画圈）：

a. 单身　b. 已婚　c. 离异　d. 丧偶　e. 其他

5. 教育情况（请在对应选项处画圈）：

a. 高中毕业　b. 正在读大学　c. 大学毕业　d. 高级学位(硕士研究生及以上)
e. 其他

6. 种族（请在对应选项处画圈）：

a. 白人　b. 黑人　c. 黄种人　d. 其他

7. 职业（请在对应选项处画圈）：

a. 管理　b. 技术员　c. 销售　d. 文员　e. 教师　f. 技术工人
g. 非技术工人　h. 其他

8. 如果您是外国人，您来自哪里？国家名＿＿＿＿＿＿＿＿＿＿＿＿

9. 如果您是中国人，您来自哪个城市？城市名＿＿＿＿＿＿＿＿＿＿＿

10. 您住在上海吗？a. 是　b. 不是

11. 您此次旅行将在上海或（中国）停留多久？＿＿＿＿＿＿＿＿＿＿＿天

12. 您旅行了多远去参加 F1 活动？

a. 小于 50 千米　b. 50~100 千米　c. 100~200 千米　d. 200~500 千米
e. 超过 500 千米

请您回答：

1. 您通过大众媒体（网络、电视等）观看过多少次 F1 赛事？

2. 您参加过多少次 F1 比赛？

3. 您参加过多少次上海 F1 比赛？

4. 您有计划在这次旅行中去中国的其他城市（除了上海）吗？如果是，您计划去哪些城市？

5. 在上海参加 F1 活动，您一共花了多少钱？（请填写个人平均费用，见附表 13）

附表 13　费用情况　　　　　　　　　　单位：元

序号	花钱项目	金额	序号	花钱项目	金额
a	F1 门票		d	交通	
b	酒店住宿		e	夜生活和娱乐	
c	食物		f	有趣的文化/历史景点	
g	购物（纪念品、助兴道具等）		h	其他	

附录2 变量的测量量表（附表14）

附表 14 测量量表

测量目标	测量项目	来源
非耦合赛事形象	（1）赛事水平高 （2）赛事专业化程度高 （3）赛事宣传效果好 （4）赛事服务质量高，保障体系完善 （5）赛事氛围热烈	质性研究所得量表
耦合形象	（1）赛道设计与城市特色契合度高 （2）旅游景点和马拉松赛事相结合带来的共同体验 （3）具有当地特色的赛事补给 （4）标志物和城市形象结合融洽	质性研究所得量表
非耦合举办地形象	（1）城市旅游资源丰富 （2）历史文化底蕴深厚 （3）城市特色鲜明 （4）热情好客的当地居民 （5）快捷便利的交通条件	质性研究所得量表
赛事旅游意愿	在未来 10 年内您去往成都当地观看成都马拉松赛事的可能性有多大？	Chalip 等（2003）
赛事后旅游意愿	（1）未来我很有可能会再次去往成都旅游 （2）我很有可能向我的亲人和朋友推荐成都	Chen& Phou（2013）

附录3 体育赛事与办赛城市形象耦合的影响研究调查问卷

尊敬的女士/先生：

感谢您在百忙之中抽出时间参加本次问卷调查！这是一份关于体育赛事与举办地形象耦合影响的调查问卷，本问卷采用匿名调查的形式，所收集的数据仅用于本次学术研究和个人论文，您的回答将被完全保密，请您放心作答。所有题目没有对错之分，请您根据您的实际情况和真实感受作答即可。最后再次感谢您的合作与支持！

成都马拉松赛事说明：

成都马拉松作为西南地区规模最大的马拉松赛，自2017年创办以来，赛事规模不断扩大，国际影响力迅速上升，获得了2018年中国田径协会"银牌赛事"及特色赛事"最美赛道"奖，2019年5月成为中国首个世界马拉松大满贯候选赛事，参赛人数多，比赛规模大。不仅如此，成都马拉松还是中国境内唯一由国际A级丈量员丈量赛道的赛事，参赛门槛高，选手的完赛成绩还将获得世界田联等机构的认证。比赛期间，中央电视台体育频道将对其进行全程直播，其官网网站、微博、"抖音"等诸多媒体平台也将全程报道赛事动态。另外，成都马拉松还为选手提供了充足的参赛包和物资补给，赛事的保障设施完备，医疗救护条件良好。赛道还设有音乐加油站，配合观众的加油助威，营造出了热烈的赛场氛围。

成都马拉松的赛道设计以天府文化为核心，凸显最人文、最独特、最成都的天府文化特色，沿途经过杜甫草堂、青羊宫、宽窄巷子、人民公园和天府广场等著名历史文化景点和地标性建筑。赛道的景观环境得到进一步改造升级，沿途风景更加优美，观赏性更强，体验感更佳。比赛沿途还准备了糯米糍粑等成都美食特色补给，广受选手好评。最后，获奖选手奖牌还充分融入了大熊猫、川剧脸谱等成都特色，彰显了成都这座城市的热情、创新和活力形象。

提示语：请您对以下题项打"✓"。分值越低同意程度越低，分值越高同意程度越高。其中，"1"代表非常不同意，"2"代表比较不同意，"3"代表不同意，"4"代表一般（无感或不知道），"5"代表同意，"6"代表比较同意，"7"代表非常同意。

1. 在阅读关于成都马拉松赛事的介绍后，请根据您的真实看法回答下列问题（附表 15）：

附表 15　成都马拉松赛事印象一

题目	非常不同意	比较不同意	不同意	无感	同意	比较同意	非常同意
1.1 成都马拉松赛事水平高	①	②	③	④	⑤	⑥	⑦
1.2 成都马拉松赛事专业化程度高	①	②	③	④	⑤	⑥	⑦
1.3 成都马拉松赛事宣传效果好	①	②	③	④	⑤	⑥	⑦
1.4 成都马拉松赛事服务质量高，保障体系完善	①	②	③	④	⑤	⑥	⑦
1.5 成都马拉松赛事氛围热烈	①	②	③	④	⑤	⑥	⑦

2. 请根据上述对成都马拉松赛事的信息，结合您对成都这座城市以及成都马拉松赛事的了解回答下列问题（附表 16）：

附表 16　成都马拉松赛事印象二

题目	非常不同意	比较不同意	不同意	无感	同意	比较同意	非常同意
2.1 成都马拉松赛道设计与成都的城市特色契合度高	①	②	③	④	⑤	⑥	⑦
2.2 成都旅游景点和马拉松赛事相结合带来了共同体验	①	②	③	④	⑤	⑥	⑦
2.3 成都马拉松赛事提供具有当地特色的赛事补给	①	②	③	④	⑤	⑥	⑦
2.4 成都马拉松赛事的标志物和成都的城市形象结合融洽	①	②	③	④	⑤	⑥	⑦

3. 请根据您对成都这座城市的了解回答下列问题（附表17）：

附表17　成都印象

题目	非常不同意	比较不同意	不同意	无感	同意	比较同意	非常同意
3.1 成都的旅游资源丰富	①	②	③	④	⑤	⑥	⑦
3.2 成都的历史文化底蕴深厚	①	②	③	④	⑤	⑥	⑦
3.3 成都的城市特色鲜明	①	②	③	④	⑤	⑥	⑦
3.4 成都当地居民热情好客	①	②	③	④	⑤	⑥	⑦
3.5 成都的交通快捷便利	①	②	③	④	⑤	⑥	⑦

4. 在了解成都马拉松赛事和成都这座城市后，请根据您的真实想法回答下列问题（附表18）：

附表18　旅游意愿一

题目	非常不可能	不可能	比较不可能	不知道	比较有可能	有可能	非常有可能
在未来10年内您去往成都当地观看和参与成都马拉松赛事的可能性有多大	①	②	③	④	⑤	⑥	⑦

5. 请根据您对成都这座城市的了解回答下列问题（附表19）：

附表19　旅游意愿二

题目	非常不同意	比较不同意	不同意	不知道	同意	比较同意	非常同意
5.1 未来我很有可能会再次去成都旅游	①	②	③	④	⑤	⑥	⑦
5.2 我很有可能向我的亲人和朋友推荐成都	①	②	③	④	⑤	⑥	⑦

6. 您的性别：

（1）男　　（2）女

7. 您的年龄（出生部分）：＿＿＿＿＿＿＿＿＿＿＿＿

8. 您的月收入：

（1）5 000 元及以下　　（2）5 001~8 000 元　　（3）8 001~17 000 元

（4）17 001~30 000 元　　（5）30 001 元及以上

9. 您的学历：

（1）大专及以下　　（2）本科　　（3）研究生及以上